KLIMAFREUNDLICH LEBEN
IM HANDUMDREHEN

compact via ist ein Imprint der Compact Verlag GmbH

© Compact Verlag GmbH
Baierbrunner Straße 27, 81379 München
1. Auflage 2016

Autor: Peter Carstens
Redaktionsleitung: Dr. Verena Stindl
Redaktion: Maximilian Eberhard
Produktion: Ute Hausleiter
Abbildungen: siehe Bildnachweis (S. 126)
Umschlaggestaltung und Layout: Enrico Albisetti
Satz: Pixelcolor, Neuried

ISBN 978-3-8174-1643-1
381741643/1

www.compactverlag.de

INHALT

VORWORT

Der Klimawandel findet statt, ohne jeden Zweifel. So ist die Temperatur der Erde im Zeitraum 1950 bis 2015 im weltweiten Durchschnitt um knapp 1 Grad Celsius gestiegen. Auch in Deutschland gibt es einen spürbaren Temperaturanstieg. Weitere Auswirkungen des Klimawandels sind unübersehbar: So nehmen Wetterextreme auf allen Landregionen zu und die Meeresspiegel steigen.

Der Weltklimarat IPCC schreibt in seinem Synthesebericht aus dem Jahr 2014: „Der Einfluss des Menschen auf das Klimasystem ist klar." Und es sei „äußerst wahrscheinlich", dass die anthropogenen Treibhausgasemissionen „die Hauptursache der beobachteten Erwärmung seit Mitte des 20. Jahrhunderts sind".

Die internationale Politik tut sich schwer, trotz der vielen Klimakonferenzen. Allein der weltweite Ausstoß des Treibhausgases Kohlendioxid (CO_2) ist seit Beginn der 1990er-Jahre um etwa 60 Prozent gestiegen. Der Ausstoß müsste jedoch schnell sinken, um einen gefährlichen Klimawandel zu vermeiden. Dazu bedarf es einer weltweiten Transformation der Energiesysteme. Eine Hinwendung zu den Erneuerbaren Energien. Deutschland könnte Vorreiter sein.

Aber nur, wenn alle Bürgerinnen und Bürger mitmachen. Jede(r) kann etwas tun. Energie sparen im Haushalt ist kinderleicht. Fahrrad fahren ist gut für die Umwelt und für die Gesundheit. In Großstädten bietet sich der öffentliche Nahverkehr an – warum im Stau stehen! Ein Solardach auf dem Haus lohnt sich schnell und produziert kein CO_2. Die Möglichkeiten zum Klimaschutz sind vielfältig. Die Energiewende kann auch von unten her gestaltet werden.

Prof. Dr. Mojib Latif
(Helmholtz-Zentrum für Ozeanforschung, Kiel)

1 WARUM REDEN EIGENTLICH ALLE VON KOHLENDIOXID?

Fliegen setzt viel CO_2 frei und belastet dadurch das Klima.

Washington im Sommer 2012: Auf dem Rollfeld des Flughafens steht abflugbereit ein Passagierjet. Aber der Start verzögert sich. Es ist so heiß, dass die Räder der Maschine knöcheltief in den geschmolzenen Asphalt eingesunken sind. Schließlich gelingt es, die Maschine freizuschleppen. Die 35 Passagiere können ihren Inlandsflug nach Charleston, South Carolina, antreten, die Maschine hebt in flirrender Hitze ab. Ein Zwischenfall, den die Klimaaktivistin Naomi Klein in ihrem Buch *Die Entscheidung* (2015) beschreibt. Nichts Dramatisches eigentlich.

Allerdings steht die Szene sinnbildlich für unser Handeln in der Welt des Klimawandels: Wir verbrennen fossile Energieträger, etwa in Form von Kerosin, und heizen durch das frei werdende Kohlendioxid (CO_2) das Klima auf. Und das in einem Tempo, das in der Erdgeschichte einzigartig ist. Auch wenn sie das wissen könnten: Die Passagiere des Flugs 3935 hält es nicht davon ab, wieder in die Maschine zu steigen. Schließlich ist das Ticket gebucht, bezahlt – und bringt Punkte auf dem Meilenkonto. Und der Termin in Charleston lässt sich nicht verschieben. Also fliegen sie trotzdem. Und überlassen den Kampf gegen den Klimawandel den Politikern.

WIR ALLE SIND EIN BISSCHEN VIELFLIEGER

Klimaaktivisten mögen darüber den Kopf schütteln. Doch diese Episode ist nur *ein* Beispiel für unser paradoxes Verhalten. Obwohl wir es nicht wollen, tun wir alle ständig Dinge, die der Umwelt schaden. Mal mehr, mal weniger offensichtlich. Wir fahren mit dem Auto in den Baumarkt und verfeuern dabei Mineralöl, um uns säckeweise torfhaltige Gartenerde zu kaufen. Wir bauen Häuser, wo vorher Wald oder Wiese waren. Wir verbrauchen Energie, Rohstoffe, Flächen. Und wir haben Sparguthaben bei Banken, die eine besonders rücksichtslose Kohleförderung mitfinanzieren.

All das zusammengenommen nennen Nachhaltigkeitsforscher unseren ökologischen Fußabdruck. Die persönliche CO_2-Bilanz ist nur *ein* Aspekt dieses Fußabdrucks. Aber ein entscheidender.

Denn meist sind Handlungen, die mit hohen CO_2-Emissionen verbunden sind, auch in anderer Hinsicht umweltschädlich. Wenn wir Mineralöl verbrennen, entstehen ja nicht nur Klimagase, vor allem CO_2, sondern zum Beispiel auch gesundheitsschädliche Stickoxide. Schon bei der Förderung und beim Transport kann es zu verheerenden Umweltkatastrophen kommen. Und Kraftwerke, die Kohle verfeuern, blasen kilogrammweise giftiges Quecksilber in die Atmosphäre.

Zum anderen sind wir durch unseren hohen CO_2-Ausstoß unmittelbar für den Klimawandel verantwortlich. Und der hat für viele

Menschen weit schlimmere Folgen, als dass sie nur zu spät zu einem Termin kommen: So bereiten sich kleine Inselstaaten und tief liegende Küstenregionen in Asien auf eine Evakuierung vor, weil das ansteigende Meer über kurz oder lang ihr Land verschlingen wird. Anderswo fallen wegen Dürren oder Unwettern ganze Ernten aus. Und das in Regionen, die weit ärmer sind als die westlichen Industrienationen, die Hauptverursacher des Klimawandels.

INFO

Die Auswirkungen des Klimawandels bekommen auch die wohlhabenden Länder zu spüren. So haben *Ernteausfälle in Syrien*, hervorgerufen durch ungewöhnlich regenarme Jahre, zur Entstehung der Unruhen beigetragen[1]: In den Jahren vor dem Ausbruch der Krise (2011) zwangen die Dürren 1,5 Millionen Bauern zur Flucht in die Vorstädte, wo sie mit einer Million irakischen Flüchtlingen um Jobs und Nahrungsmittel konkurrierten – was die Spannungen zwischen den sozialen Gruppen erhöhte. Aus dem heute völlig zerrütteten Bürgerkriegsland sind schon fast fünf Millionen Menschen geflohen. Vor allem in den reichen Norden Europas.

FAST ALLES, WAS WIR TUN, HAT KLIMAFOLGEN

Wir kaufen Dinge, zu deren Entstehungsgeschichte klimaschädliche Emissionen gehören. Und wir werfen sie wieder weg. Wir heizen unsere Wohnungen, nutzen öffentliche Verkehrsmittel, wir essen Lebensmittel, die in Übersee angebaut wurden und auf dem Weg vom Acker in unseren Kühlschrank Klimagase freigesetzt haben. Vielleicht brennt bei Ihnen Licht, während Sie diese Zeilen lesen (Glühbirne oder Energiesparlampe?). Haben Sie sich einen Tee dazu gemacht? Mit solchen kleinen und großen Annehmlichkeiten sammeln wir auf unserem virtuellen CO_2-Konto über das Jahr etliche Tonnen des schädlichen Gases.

In Deutschland erzeugt jeder Mensch pro Jahr durchschnittlich zwölf Tonnen Klimagase. Österreicher und Schweizer stehen etwas besser da – mit neuneinhalb beziehungsweise sechs Tonnen.[2] Zum Vergleich: In den USA sind es 20. Australier kommen sogar auf 33 Tonnen. Das ist nicht nur extrem klimaschädlich. Es ist auch unverantwortlich. Denn wenn alle 7,4 Milliarden Erdenbürger so lebten wie wir, würde sich die Atmosphäre im Treibhaus Erde in kürzester Zeit um weit mehr als die kritischen zwei Grad Celsius aufheizen.

KLIMA SCHÜTZEN MIT GEWINN

Ob eine oder zwei Tonnen Klimagase (die Schätzungen, welche Menge pro Kopf und Jahr global verantwortbar sind, gehen auseinander) – wir Wohlstandsbürger müssen unseren Ausstoß drastisch reduzieren. Dabei können wir zwar nicht alle Emissionen vermeiden, aber viele minimieren. Und das schnell und mit wenig Aufwand. Und ohne Einbußen an Lebensqualität.

Klar, an der einen oder anderen Stelle muss man auch mal verzichten, wenn man seine persönliche CO_2-Bilanz verbessern will. Aber oft reicht es schon, Dinge ein bisschen anders zu machen, mit Köpfchen einzukaufen, bewusster zu genießen. Und wer sagt denn, dass eine Paddeltour mit Zelt weniger interessant ist als ein Pauschalurlaub auf den Kanaren? Wir sparen uns die nervigen Kontrollen und die Warterei am Flughafen – und ganz nebenbei sparen wir auch eine Menge Geld. Und unvergessliche Momente am Fluss sind garantiert! Wenn Sie mit dem Rad zur Arbeit fahren, statt sich jeden Morgen in den Stau zu stellen, werden Sie schon am ersten Tag feststellen: Es macht einfach mehr Spaß. Und ist auch noch gesund.

INFO

CO_2 ist zwar das wichtigste Klimagas, aber nicht das einzige. Klimaschädlich sind zum Beispiel auch Lachgas und Methan. Um Bilanzen besser lesbar zu machen, sprechen Wissenschaftler von *CO_2-Äquivalenten* (CO_2e). Das sind alle klimarelevanten Emissionen zusammengenommen, umgerechnet auf die Klimaschädlichkeit von CO_2.

SCHNELLKURS FÜR KLIMAHELDEN

Damit klar wird, wozu der klimaleichte Lebensstil gut sein soll, wird zunächst erklärt, was der Klimawandel eigentlich ist. Und was ihn zur größten Herausforderung für die Menschheit im 21. Jahrhundert macht. Was ist der Stand der Forschung? Was unternimmt die Weltgemeinschaft, um die Erderwärmung zu bremsen?

Im zweiten Teil geht es darum, was Sie selbst tun können, um klimafreundlicher zu leben. An welchen Stellschrauben Sie drehen und was Sie damit bewirken können. Warum es wichtiger ist, zu Hause richtig zu heizen, als im Winter Supermarkt-Erdbeeren zu boykottieren. Dieses Buch soll Ihnen dabei helfen, die Warnungen der Wissenschaftler, die Verlautbarungen von den Klimakonferenzen zu verstehen – und im Dschungel der Ökobilanzen nicht die Übersicht zu verlieren. Es soll Ihren Blick für die wirklich wichtigen Dinge schärfen.

Vor allem aber soll es Lust machen, anzufangen. Denn jeder Weg beginnt mit einem ersten Schritt.

DER KLIMAWANDEL UND WIR

2.1 KOHLE, KOHLE, KOHLE: WARUM ES AUF DER ERDE WÄRMER WIRD

Um den Klimawandel zu verstehen, muss man weit in die Erdgeschichte zurückblicken. Denn schon vor Millionen von Jahren gab es dramatische Temperaturschwankungen. Aber keine ähnelt der heutigen. Wir wandeln fossile Energieträger wie Kohle oder Öl, die sich über Jahrmillionen gebildet haben, im Eiltempo in CO_2 um. Mit dramatischen Folgen.

Wir schreiben das Jahr 1964. Das Thermometer zeigt minus 50 Grad Celsius, draußen tobt ein Schneesturm. Am Ende eines ganz normalen Arbeitstages in der Antarktis stoßen der Gletscherforscher Claude Lorius und seine Kollegen mit einem Whiskey an. Das Eis in ihren Gläsern stammt aus der Tiefe unter ihnen, einem Eis-Bohrkern. Als Lorius das gefrorene Wasser, das im warmen Alkohol schmilzt, genauer betrachtet, fallen ihm kleine Bläschen auf. Sie lösen sich aus dem Eis und steigen zur Oberfläche auf. Das bringt Lorius auf eine Idee, die die Paläoklimatologie – also die Forschung über das Klima früherer Erdzeitalter – einen entscheidenden Schritt voranbringen wird. Er beschließt, die mikroskopischen Proben

Erst in Massen abgebaut und dann verfeuert: Kohle. Neben Erdöl zählt das schwarze oder bräunliche Sedimentgestein zu den Antreibern des Klimawandels.

jahrtausendealter Luft zu analysieren. Und wird eine sensationelle Entdeckung machen.

DER GLETSCHER ALS KLIMAARCHIV

Jedes Jahr wächst ein Gletscher durch neu gefallenen Schnee, der durch den Druck der Schneemassen zu wenigen Millimetern oder Zentimetern reinem Eis zusammengepresst wird. Über die Jahrtausende bilden sich so Jahr um Jahr Eisschichten wie die Jahresringe eines Baumes. Und wie an den Schichten eines Baumes lassen sich daran Daten über das Klima ablesen. Das betrifft nicht nur die Zusammensetzung der Luft und die Menge des Schneefalls. Es finden sich auch Aschepartikel von Vulkanausbrüchen im Gletschereis – und sogar Hinweise auf die Lufttemperatur, die herrschte, als die Flocken vom Himmel fielen.

Um die zu bestimmen, nutzen Lorius und seine Kollegen die Isotopenanalyse. Diese für die Paläoklimatologie so wichtige Methode sei an dieser Stelle kurz vorgestellt.

FERNROHR IN DIE KLIMAGESCHICHTE

Von fast allen chemischen Elementen gibt es verschiedene atomare Varianten, sogenannte Isotope. Auch von Sauerstoff. ^{16}O ist das leichteste der Sauerstoff-Isotope. Darum verdunsten Wassermoleküle (H_2O), die sich aus ^{16}O gebildet haben, schneller als solche aus dem schwereren ^{18}O. In einer Warmzeit verdunsten die Wassermoleküle mit ^{16}O, regnen ab und landen schließlich wieder im Ozean. Das Verhältnis von schweren zu leichten Isotopen bleibt dabei unverändert. Anders in einer Kaltzeit: ^{16}O verdunstet, geht über dem Land als Schnee nieder – und bleibt liegen. Dadurch erhöht sich der relative ^{18}O-Anteil im Meerwasser. Am unterschiedlichen Verhältnis der beiden Isotope können Forscher nun am Gletschereis, aber auch in Meeressedimenten die Temperatur vergangener Zeiten ablesen.

Mit dem Schlüssel der Luft- und Isotopenanalyse gelingt es Claude Lorius ab den 1960er-Jahren, das Klimaarchiv der Gletscher zu öffnen. Und sich in 40 000 Jahre Klimageschichte zu bohren. In der Antarktis werden später Wissenschaftler vom europäischen EPICA-Projekt 3270 Meter tief bohren. Und so einen Blick in 800 000 Jahre Klimageschichte ermöglichen.

Mehr als 20-mal nimmt Lorius an Expeditionen zu den Polen der Erde teil, meist in die Antarktis. Er analysiert Hunderte Eisproben. Und Mitte der 1980er-Jahre veröffentlicht er seine bahnbrechenden Resultate: Temperaturverlauf und Treibhausgase stehen in einer engen Relation, und das seit Hunderttausenden von Jahren. Doch seit Beginn der industriellen Revolution erhöht sich die CO_2-Konzentration in der Atmosphäre dramatisch. Industrie, Maschinen, Verkehr, intensive Landwirtschaft, Waldrodungen: Der Mensch schickt sich an, im Gleichschritt mit immer neuen technologischen Errungenschaften das Klima einschneidend zu verändern. Was für bahnbrechende Erkenntnisse der Blick in ein Whiskeyglas auszulösen vermag!

DAS RÄTSEL DER EISZEITEN

Doch das soll nicht heißen, dass das Klima auf der Erde „stabil" war, bevor der Mensch die Bühne betrat. Im Gegenteil.

Vor Hunderten Millionen Jahren war die Erde immer wieder und über lange Zeiträume ein ziemlich ungemütlicher Ort. Mal war es so kalt, dass Forscher von einem „Schneeball Erde" sprechen. Dann war es wieder brütend heiß, mit Durchschnittstemperaturen von 50 Grad Celsius. Und seit mindestens zwei Millionen Jahren wechseln sich warme Perioden mit kalten regelmäßig ab; die letzte Kaltzeit, die Weichsel-Kaltzeit, erreichte vor etwa 20 000 Jahren ihren Höhepunkt. Kilometerdicke Gletscher drangen damals von Skandinavien bis nach Norddeutschland vor.

Über die Ursachen für diese Temperaturschwankungen sind sich die Forscher nicht ganz einig. Infrage kommen verschiedene Faktoren: vor allem die Aktivität der Sonne, die Fähigkeit der Erdoberfläche, Energie abzustrahlen (man nennt das *Albedo*), Veränderungen in der Zusammensetzung der Atmosphäre und Schwankungen der Erdrotation. Denn zum einen verändert sich der Neigungswinkel der Erdachse periodisch, zum anderen nimmt alle 100 000 Jahre die Umlaufbahn der Erde um die Sonne eine elliptische Form an. Beides zusammengenommen verringert oder erhöht die Einstrahlung der Sonne – wenn auch nur geringfügig. Und könnte dennoch für den Wechsel von Warm- und Kaltzeiten verantwortlich sein.

Schwankungen der Temperatur auf der Erde sind nichts Ungewöhnliches. Als Erik der Rote 985 in Grönland eine Siedlung gründete, war es dort vergleichsweise warm. Und vom 15. bis zum 18. Jahrhundert gab es in Europa eine „Kleine Eiszeit", eine Phase, in der die Temperaturen im Durchschnitt einen Grad unter den heutigen Mittelwerten lagen. Das klingt nach wenig, doch die Winter waren spürbar kälter, länger und schneereicher. Das Besondere am Temperaturanstieg der letzten Jahrzehnte: Er ist ausschließlich auf menschliche Aktivitäten zurückzuführen – und er vollzieht sich erdgeschichtlich gesehen von einer Sekunde auf die andere. Das macht ihn so gefährlich für das Leben auf der Erde. Denn Menschen, Tiere und Pflanzen haben sich in Jahrtausenden an das Klima in ihrem Lebensraum angepasst.

Dass es so gewaltige Temperaturschwankungen auf der Erde überhaupt gab, ist im Übrigen noch gar nicht so lange bekannt. Europas Norden und die Alpen unter kilometerdickem Eis – das konnte man sich einfach nicht vorstellen. Noch 1837 lachten Forscher über die Thesen ihres Kollegen Louis Agassiz. Der Naturforscher hatte Findlinge, Moränen und Felsabschürfungen als Zeugen riesiger Gletschermassen gedeutet.

DER TREIBHAUSEFFEKT

Doch wie kann ein unsichtbares Gas eigentlich die Erde aufheizen? Um das zu verstehen, muss man sich die Atmosphäre genauer ansehen.

Ohne sie wäre Leben auf der Erde gar nicht möglich. Die gasförmige Schutzhülle bietet uns nicht nur den nötigen Sauerstoff zum Atmen. Sie sorgt auch für eine relativ konstante und angenehme Temperatur auf der Erdoberfläche – im Mittel 15 Grad Celsius. Und das, obwohl draußen im All klirrende Kälte herrscht: minus 270 Grad Celsius.

Zu verdanken haben wir das dem sogenannten Treibhauseffekt. Der Grundgedanke dahinter: Bestimmte Gase wirken wie das Glas eines Gewächshauses. Sie lassen Strahlung von der Sonne rein, aber die Wärme nicht wieder raus. Genau betrachtet ist es dann aber doch etwas komplizierter:

Die konstante Oberflächentemperatur der Erde ist das Ergebnis einer ausgeglichenen Energiebilanz: Was reinkommt, geht auch wieder raus. Von der ankommenden kurzwelligen Sonnenstrahlung werden 30 Prozent direkt in den Weltraum zurückgeworfen – entweder von Wolken und Atmosphäre oder von den hellen Oberflächen der Erde, zum Beispiel Schnee (das nennt man den *Albedo-Effekt*). Nur rund 45 Prozent der Sonnenstrahlung werden tatsächlich von der Oberfläche absorbiert, also in Wärme verwandelt.

Das Ergebnis kennt jeder. Und in verträglichen Maßen ist es durchaus angenehm. Man spürt es zum Beispiel auf der Haut, wenn man aus dem Schatten in die Sonne tritt. Damit die Erde nun nicht überhitzt, gibt sie die Wärme in Form von langwelliger Wärmestrahlung wieder ans Weltall ab. Und zwar genauso viel, wie sie zuvor absorbiert hat.

EINE RETTUNGSFOLIE FÜR DEN PLANETEN

Dass sie dabei wiederum nicht auskühlt, dafür sorgen vor allem der Wasserdampf, das CO_2, Lachgas und Methan in der Atmosphäre. Sie absorbieren einen Teil der Wärmestrahlung der Erde und geben sie in alle Richtungen wieder ab – einen Großteil in Richtung Erde. Aus diesem Grund sind tief hängende, dicke Wolken tatsächlich eine ideale Wärmedecke, während es zum Beispiel in klaren Winternächten klirrend kalt werden kann. Auch ein Ergebnis, das jeder von uns kennt.

INFO

Kohlenstoff (C) ist der Stoff, aus dem das Leben ist. Pflanzen und Tiere bestehen zu einem Großteil aus Kohlenstoff, der als Kohlendioxid (CO_2) wieder in die Atmosphäre gelangt, wenn sie absterben, verwesen oder verwittern. Allerdings macht lebende Biomasse nur einen winzigen Bruchteil des gesamten Kohlenstoffvorrats der Erde aus: rund ein Hunderttausendstel. Der weitaus größte Teil des Kohlenstoffs auf der Erde ist gebunden im Gestein – sagenhafte 10^8 Gigatonnen. Und nur fünf Hunderttausendstel davon sind in den Kohle-, Öl-, und Gasvorkommen der Erde gebunden.

Am Treibhauseffekt ist Wasserdampf mit 60 Prozent beteiligt, CO_2 mit 26 Prozent. Neben Lachgas (vier Prozent) und Methan (drei Prozent) ist CO_2 damit das wichtigste vom Menschen erzeugte Klimagas.

Der Treibhauseffekt als solcher ist also nicht gefährlich, sondern sogar lebenswichtig. Ohne ihn hätten wir, das haben Physiker errechnet, eine Durchschnittstemperatur von frostigen minus 18 Grad Celsius. Gefährlich ist, dass der Mensch den Treibhauseffekt verstärkt.

Und das tut er mit 2000 Gigatonnen CO_2, die er seit 1750 in die Luft geblasen hat[3] – etwa die Hälfte davon allein in den vergangenen vier Jahrzehnten. Rund 40 Prozent davon befinden sich noch immer in unserer Atmosphäre. Wo sie den Treibhauseffekt verstärken. Das belegen inzwischen zahllose Messdaten von Wetterstationen und Berechnungen von Klimaforschern.

STEILE KURVEN

Die Kurven und Diagramme, die sie aufzeichnen, zeigen vor allem eines: steil nach oben.

- Der CO_2-Gehalt der Luft klettert seit vielen Jahrzehnten kontinuierlich; und er ist heute so hoch wie nie seit Hunderttausenden von Jahren. Typisch für Warmzeiten ist ein Wert von 280 ppm (parts per million, also Teile auf eine Million Luftteilchen). Heute sind es 404 ppm: Das ist eine Steigerung um mehr als 40 Prozent.

- CO_2 ist das wichtigste, aber nicht das einzige Klimagas: Methan etwa ist zwar mengenmäßig seltener, dafür aber 25-mal schädlicher. Sein Anteil in der Atmosphäre hat sich gegenüber vorindustriellen Zeiten verdoppelt.

- Anhand von Klimamodellen und Satellitendaten haben Wissenschaftler nachgewiesen, dass die Erde immer mehr Energie aufnimmt, als sie abgibt.

Die Leistung, welche die Erde heute in Form von Sonnenstrahlung aufnimmt (342 Watt pro Quadratmeter), ist um 0,85 W/m² größer als die Abstrahlung. Die Folge:

- Die Temperaturen kletterten von 1880 bis 2012 um 0,85 Grad Celsius. Jedes der vergangenen drei Jahrzehnte war wärmer als alle Jahrzehnte seit 1850. Seit Beginn der regelmäßigen Wetteraufzeichnungen im 19. Jahrhundert war 2015 weltweit das wärmste Jahr.[4]

- Der Meeresspiegel ist durch das Abschmelzen von Eis an den Polen und durch die Ausdehnung der Wassermassen im letzten Jahrhundert um rund 19 Zentimeter angestiegen. Und zwar mit zunehmendem Tempo: In den vergangenen 20 Jahren war der Anstieg mit über drei Millimetern pro Jahr fast doppelt so groß wie im Durchschnitt der vorangegangenen Jahrzehnte.

- Eine Kurve, die wegen ihrer einprägsamen Form als „Hockeyschläger" bekannt wurde, zeigt relativ konstante Temperaturen während der vergangenen 2000 Jahre – und einen rapiden Anstieg ab dem 19. Jahrhundert. Erstellt haben die „Hockeyschläger"-Kurve 1999 amerikanische Wissenschaftler anhand von direkten Messungen (seit Mitte des 19. Jahrhunderts) und Erkenntnissen der Klimaforschung. Dazu gehören zum Beispiel auch die bahnbrechenden Bohrkernuntersuchungen des Franzosen Claude Lorius.

Die Rolle von CO_2 und anderen sogenannten *Spurengasen* beim Treibhauseffekt ist schon seit 1824 bekannt. Es war der französische Physiker Jean-Baptiste Fourier, der als Erster beschrieb, wie diese Gase die Erde warm halten. 1896, als die industrielle Verbrennung von Kohle schon im vollen Gange war, verdeutlichte ein Kollege von ihm die Rolle des Kohlendioxids in der Atmosphäre. Der Schwede Svante Arrhenius errechnete, dass eine Verdoppelung des CO_2-Gehalts der Luft zu einem Temperaturanstieg um vier bis sechs Grad führen müsste. Eine gute Schätzung, wie wir heute wissen.

Im Jahr 2007 hat *China* die USA als größten Verursacher von Treibhausgasen abgelöst – und ist nun für mehr als ein Viertel der weltweiten CO_2-Emissionen verantwortlich. Doch mit einem Pro-Kopf-Ausstoß von rund neun Tonnen steht das riesige Schwellenland immer noch besser da als die USA (20 Tonnen) oder selbst als Deutschland (zwölf Tonnen).

Im *Fünften Sachstandsbericht* des IPCC (Intergovernmental Panel on Climate Change) von 2014 heißt es dazu unmissverständlich: Die durch Menschen verursachten Treihausgasemissionen haben zu „atmosphärischen Konzentrationen von Kohlendioxid, Methan und Lachgas geführt, wie sie seit mindestens 800 000 Jahren nicht vorgekommen sind. Ihre Auswirkungen wurden (…) im gesamten Klimasystem nachgewiesen und es ist äußerst wahrscheinlich, dass sie die Hauptursache der beobachteten Erwärmung seit Mitte des 20. Jahrhunderts sind."

Das Problem daran: Während Menschen, Tiere und Pflanzen am Ende der letzten Vereisung 5000 Jahre Zeit hatten, sich an eine Erwärmung von rund fünf Grad Celsius anzupassen, sind es jetzt nur wenige Jahrzehnte. Genau aus diesem Grund fallen viele der Folgen, von denen im nächsten Kapitel die Rede sein wird, so drastisch aus.

Die Astronauten der amerikanischen Mondmissionen berichteten, wie schön, aber auch zerbrechlich die Erde und ihre Atmosphäre aus dem All aussehen. Tatsächlich ist die lebensbewahrende Gashülle der Erde nur rund 80 Kilometer dünn. Und allein in den unteren 18 Kilometern, der sogenannten Troposphäre, befinden sich 90 Prozent der Luft und fast der komplette Wasserdampf der Erdhülle. Im Vergleich zum Erddurchmesser ist die Lufthülle so dünn wie eine Plastikfolie um einen Medizinball – eine hauchdünne Schicht. Kein Wunder, dass der scheinbar unbegrenzte Raum über uns so sensibel auf unsere massiven CO_2-Injektionen reagiert.

2.2 DÜRREN, STÜRME, ÜBERSCHWEMMUNGEN: ES WIRD TURBULENT

Es wird wärmer – so viel steht fest. Eine exakte Wettervorhersage für alle Erdteile lässt sich daraus aber nicht ableiten. Denn die Auswirkungen, die wir heute schon beobachten können, sind erst der Anfang. Sicher ist: Der Ozean wird weiter ansteigen. Und extreme Wetterereignisse wird es häufiger geben. Die Folgen des Temperaturanstiegs sind so vielfältig wie bedrohlich.

Unter Wissenschaftlern gilt es heute als gesicherte Erkenntnis, dass zu einem großen Teil der Mensch für die Klimaerwärmung verantwortlich ist. Etwas schwieriger wird es, wenn es um die Frage geht, was das alles für die Zukunft bedeutet.

Generell gilt: Prognosen zu Klimaänderungen sind schwierig. Denn das Erdklima ist alles andere als eine simple „Was-passiert-dann-Maschine". Es ist ganz im Gegenteil so komplex, dass die Hochleistungsrechner an den Klimarechenzentren heiß laufen, wenn es um die präzise Vorhersage zukünftiger Entwicklungen geht.

Schmelzen Gletscher und Meereis, steigt auch der Meeresspiegel. Und es gibt enorm viel Eis, wie dieser Gletscher in der Antarktis zeigt.

Zumal die Forscher in ihre Gleichungen viele Unbekannte einsetzen müssen: Wie werden sich Bevölkerungszahlen und Emissionen entwickeln? Wie werden sich die Meeresströmungen verlagern? Wird sich durch Sonnenaktivität und Vulkanismus die Einstrahlung verändern? Wird es gelingen, neue, CO_2-arme Energiequellen zu erschließen?

Um den Stand der Forschung verlässlich zusammenzufassen, gründeten das UN-Umweltprogramm und die World Meteorological Organzation (WMO) 1988 den IPCC, eine Art Weltklimarat. Auch wenn es immer mal Streit um einzelne Aussagen gibt: Seine Befunde und Prognosen dürfen als absolut seriös gelten.

Was sagt nun das IPCC in seinem jüngsten, dem Fünften Sachstandsbericht von 2014?

- Der *Ozean* wird sich weiter erwärmen, der Meeresspiegel wird weiter ansteigen, und zwar „nahezu sicher" noch für einige Hundert Jahre. Der Golfstrom wird sich „sehr wahrscheinlich" abschwächen.

- *Gletscher* und *Meereis* schmelzen weiter ab. Der Nordpol könnte bei einem weiteren Anstieg der Emissionen schon Mitte dieses Jahrhunderts im Sommer eisfrei sein.

- *Wetterextreme* werden „fast sicher" zunehmen. In den mittleren Breiten wird es „sehr wahrscheinlich" häufigere und intensivere Niederschläge geben. In heute schon trockenen Regionen wird es noch heißer und regenärmer. Aber der Reihe nach.

EISIGE FRÜHWARNSYSTEME

Es war der Gletscherforscher Lonnie Thompson, der die Eisriesen „Kanarienvögel im Bergwerk des Klimawandels" nannte. Denn so wie früher Kanarienvögel die Bergleute vor giftigen Grubengasen warnen sollten, geben uns heute die Gletscher der Erde ein deutliches Signal: Es wird wärmer. Und das wird in erster Linie unangenehme Folgen nach sich ziehen.

Ähnlich wie Claude Lorius trieb Thompson einen Eisbohrer in die Eiskappe des Kilimandscharo, mit knapp 5900 Metern der höchste Berg Afrikas. Er stieß auf fast 12 000 Jahre altes Eis – der Beweis, dass der Gipfel seit dem Ende der letzten Kaltzeit durchgehend von Eis bedeckt war. Hält der momentane Erwärmungstrend jedoch an, bekämen Touristen (die vermutlich mit dem Flugzeug angereist sind und mehrere Kilogramm oder Tonnen CO_2 im Gepäck haben) hier schon 2020 nur noch kahle Geröllhalden zu sehen.

Und der Trend wird anhalten: Laut IPCC-Bericht könnten Gletscher bis zum Ende dieses Jahrhunderts bis zu 85 Prozent ihres derzeitigen Volumens einbüßen. Das ist nicht nur für den Skitourismus ein Problem. Denn es gibt Regionen der Erde, die fast vollständig vom Schmelzwasser der Gletscher abhängig sind – für die Trinkwasserversorgung und die Landwirtschaft. So könnte bis 2100 fast die komplette Schnee- und Eisdecke des Himalaya-Gebirges abtauen. Teile von Nepal würden dann unter einer permanenten Dürre leiden.

INFO

Die Gletscher schmelzen fast überall auf der Welt. Und das in einem atemberaubenden Tempo. Auch in den Tälern der Alpen ist der *Gletscherschwund* augenfällig: Fotos vom Ende des 19. Jahrhunderts zeigen riesige Gletschermassen, wo heute nur noch Moränenschutt und Geröllfelder die einstige Größe der Eismassen erahnen lassen. Seit 1850 ist die Gletscherfläche der Alpen um rund die Hälfte zurückgegangen.

Auch der riesige, mehr als drei Kilometer dicke Eisschild Grönlands taut. Würde er ganz abschmelzen – und der Fall könnte schon bei einem Temperaturanstieg von global zwei Grad Celsius eintreten –, ergäbe sich rechnerisch ein Meeresspiegelanstieg von sieben Metern.

DER ARKTISCHE SONNENSCHUTZSCHIRM KOLLABIERT

Auch die riesige Eisscholle des Nordpols schmilzt. Und mit ihm der Lebensraum des „Wappentiers" des Klimawandels, des Eisbären. Seit Beginn der Messungen ist die Ausdehnung des Meereises um 40 Prozent geschrumpft. Und dünner wird es auch. Die sommerliche Packeisgrenze rückt immer weiter nach Norden. Mit der Folge, dass Schiffsverkehr nun auch auf Routen möglich ist, die vorher durch Eis versperrt waren. Die Nordwestpassage rund um

Ironischerweise ermöglicht das Abschmelzen des arktischen Eises die Suche nach weiteren *Ölvorkommen*. Mit dem dort gewonnenen fossilen Öl wird der Klimawandel dann weiter angeheizt. Und schon die Förderung ist mit unmittelbaren und unkalkulierbaren Gefahren für das extrem sensible Ökosystem der Arktis verbunden.

Nordamerika und die Nordostpassage entlang der sibirischen Küste waren im Sommer 2008 erstmals zur selben Zeit eisfrei. Schon in der Mitte dieses Jahrhunderts, glauben Experten, könnte der Nordpol jedes Jahr im Spätsommer eine unabsehbare Wasserwüste sein. Auch die Eismassen der Antarktis sind – wenn auch in weit geringerem Maß – von der Klimaerwärmung betroffen.

Was das Problem verschärft: Die dunkle Wasserfläche absorbiert mehr Sonnenstrahlung als die weiße Eisfläche *(Albedo-Effekt)*. Die Erwärmung wird sich also lokal noch beschleunigen, und das Eis wird immer schneller abschmelzen.

Für das Volk der Inuit bedeutet das: Sie müssen über kurz oder lang ihre jahrtausendealte Lebensweise und Tradition aufgeben. Und viele Tierarten, die an das Leben mit dem Eis angepasst sind, wie Eisbären, Walrosse, Seehunde und einige Seevogelarten, werden verschwinden.

DIE OZEANE STEIGEN – UND WERDEN SAURER

Während der Gletscherschwund den Klimawandel schon in seiner Anfangsphase sichtbar macht, ist der *Anstieg des Meeresspiegels* eher eine Spätfolge. Er zeigt sich zunächst nur zögerlich, hält danach aber sehr lange an. Und zwar selbst dann noch, wenn der Temperaturanstieg längst gestoppt ist. Der Grund dafür: Die Wärme des Oberflächenwassers dringt nur sehr langsam in tiefere Schichten vor. Wo sich dann die Wassermassen ausdehnen. Laut IPCC könnte der Meeresspiegel bis zum Ende des Jahrhunderts um 82 Zentimeter steigen – und selbst höhere Werte schließen die Experten nicht aus.

Und noch etwas bereitet Wissenschaftlern Kopfzerbrechen: die *Versauerung der Ozeane*. Dass die Meere der Erde CO_2 aus der Luft aufnehmen, ist in Bezug auf den Klimawandel eigentlich eine gute Sache. Es führt allerdings dazu, dass der pH-Wert des Wassers sinkt. Und das ist für viele Meeresorganismen, die eine Kalkschale besitzen, ein großes Problem. Denn je niedriger der pH-Wert, desto schwieriger wird es für sie, die Schale aufzubauen. Da sie oft das „Grundnahrungsmittel" größerer Lebewesen darstellen, hat die Versauerung Auswirkungen auf die ganze Nahrungskette im Ozean.

Auch *Korallen* reagieren auf die veränderten Bedingungen, vor allem höhere Temperaturen an der Wasseroberfläche, empfindlich – sie werden gestresst und sterben schließlich ab. „Korallenbleiche" nennen Meeresbiologen das alarmierende Phänomen.

Und dann ist da noch der *Golfstrom*, eine gewaltige Meeresströmung, die an der Oberfläche warmes Wasser quer über den Atlantik nach Europa bringt – und für angenehm temperiertes Klima sorgt. Falls er ganz versiegt, müssten wir uns in Europa warm anziehen. Die IPCC-Experten halten das zwar für nicht sehr wahrscheinlich. Aber für die Zukunft ausschließen wollen sie es auch nicht.

Die Folgen des *Meeresspiegelanstiegs* bekommen niedrig gelegene Küstenregionen schon heute zu spüren. In Bangladesh etwa versalzen die Böden der Flussdeltas. Schätzungsweise 130 Millionen Menschen leben heute nur bis zu einem Meter über dem Meeresspiegel – und sind damit in ihrer Existenz bedroht. Bei einem Temperaturanstieg von vier Grad wären sogar mehr als 700 Millionen Menschen gefährdet. Im Inselstaat Vanuatu im Pazifik gab es die erste Umsiedlung von Einwohnern in höher gelegene Gebiete.

WETTEREXTREME: STÜRME, DÜRREN UND ÜBERSCHWEMMUNGEN

Sehr viel wahrscheinlicher ist, dass es in Europa wärmer wird. Das klingt gut, wenn man sich im Norden des Kontinents nach Urlaub am Strand sehnt. Aber gerade den ohnehin schon heißen und regenarmen Mittelmeerländern wird diese Veränderung zu schaffen machen. Schon heute lodern in Griechenland und Spanien in den extrem warmen und trockenen Sommern regelmäßig Waldbrände auf. Und für die Landwirtschaft müssen Bauern knappe Grundwasserreserven anzapfen. *Wasserknappheit* und Hitze werden in vielen – oft ärmeren – Regionen der Erde, wie Afrika und Teilen Asiens, dazu führen, dass die Ernteerträge geringer ausfallen. In einer aktuellen Studie warnen Forscher, dass im Jahr 2050 bei unveränderten Emissionen weltweit mehr als eine halbe Million Menschen an Mangelernährung sterben könnten – vor allem in China und Indien.[5]

Neben Reis, Mais und Soja ist *Weizen* einer der wichtigsten Bestandteile der menschlichen Ernährung. Doch die Pflanze verträgt weder Hitze noch Trockenheit. Wissenschaftler haben errechnet, dass jedes zusätzliche Grad Celsius die Welternte um sechs Prozent schrumpfen lässt. Das entspricht jährlich 42 Millionen Tonnen.

Sogenannte *Kippelemente* könnten dafür sorgen, dass der Klimawandel erst richtig in Fahrt kommt. Gemeint sind Prozesse, die ab einer kritischen Erwärmung eigendynamisch ablaufen und unumkehrbar sind. So verstärkt das Abschmelzen des arktischen Eises das Abtauen, weil dunkle Wasserflächen mehr Sonnenenergie aufnehmen können. Ein anderes Beispiel:[6] Dauerfrostböden in Sibirien enthalten bis zu 500 Milliarden Tonnen Kohlenstoff. Bei einer Erwärmung von neun Grad könnten drei Viertel davon innerhalb eines Jahrhunderts freigesetzt werden – als CO_2.

Hitzewellen wie die von 2003 und 2010 in Europa werden laut IPCC „sehr wahrscheinlich" häufiger und länger auftreten. Keine schöne Aussicht. Denn allein im Sommer 2003, einem der heißesten Sommer seit Jahrhunderten, starben nach Schätzungen mehr als 70 000 Menschen an den Folgen der Hitze. Besonders betroffen sind Städte. Denn hier fehlt oft kühlendes Grün, während sich ihre Steinmassen tagsüber aufheizen. Und die Nächte bei tropischen Temperaturen zur Qual werden lassen. Während es heute in den Ballungsgebieten Deutschlands jährlich bis zu zwölf Tage mit über 30 Grad Celsius gibt, könnten es bis Mitte des Jahrhunderts mehr als doppelt so viele sein.

Steigende Temperaturen haben aber noch einen weiteren Effekt. Denn wärmere Luft kann auch mehr Feuchtigkeit aufnehmen: pro Grad Erwärmung sieben Prozent Wasserdampf zusätzlich. Darum werden extreme Niederschläge zunehmen. Darauf gaben in Mitteleuropa die *Hochwasserkatastrophen* von 2002 und 2013 einen Vorgeschmack. 2002 erreichte die Elbe bei Dresden mit fast zehn Metern ihren höchsten Stand seit 1275. Und forderte mindestens 45 Todesopfer. Die materiellen Schäden beliefen sich auf mehr als 15 Milliarden Euro.

Weitaus dramatischer sind die Folgen für tropische Breiten. Denn hier haben die Wassertemperaturen in den vergangenen 50 Jahren um 0,5 Grad Celsius zugenommen. Das führt immer häufiger dazu, dass die kritischen 27 Grad überschritten werden, die zur Entstehung von *Wirbelstürmen* führen können. Außerdem werden Hurrikane, Zyklone und Taifune intensiver. 2005, im selben Jahr wie der extrem zerstörerische Hurrikan „Katrina", erreichte der Rekord-Hurrikan „Wilma" Windgeschwindigkeiten von bis zu 340 km/h.

ÖKOSYSTEME IM HITZESTRESS

Dass der Moselwein bald von den Hängen der Elbe kommen wird, dass auf Grönland Gemüse angebaut wird, zeigt: Der Klimawandel hat auch seine unterhaltsamen Seiten. Doch global gesehen wird es für viele Tiere und Pflanzen ungemütlich. Besonders deutlich wird das an den Gebirgsregionen. Lebewesen, die an das (Über-) Leben in einer kargen, kalten Umgebung perfekt angepasst sind, haben bei steigenden Temperaturen und mehr Konkurrenz keine Chance. Wohin sollen sie ausweichen, wenn die Null-Grad-Grenze im Gebirge stetig höher klettert? Irgendwann ist die Bergspitze erreicht. Andere sind in den immer kleiner werdenden Inseln der Naturschutzgebiete und Reservate „festgenagelt". Forscher haben hochgerechnet, dass jede sechste Tier- und Pflanzenart aussterben könnte, wenn sich der Klimawandel ungebremst fortsetzt.[7] Weil sie nicht genug Zeit haben, sich daran anzupassen.

Es gibt aber auch Tiere, die von der Erwärmung profitieren und sich ausbreiten. Dummerweise sind darunter auch solche, die Probleme verursachen. Etwa die asiatische Tigermücke, die sich seit den 1990er-Jahren in Europa wohlfühlt und das Dengue-Fieber übertragen kann.

2.3 VERMEIDEN, REPARIEREN, ANPASSEN ODER IGNORIEREN? STRATEGIEN IM UMGANG MIT DEM KLIMAWANDEL

Die Erderwärmung ist in vollem Gange. Das ist Fakt. Und wie reagiert die Menschheit? Unterschiedlich, vorsichtig ausgedrückt. Das Cleverste wäre, den größten Teil der fossilen Energieträger einfach im Boden zu belassen.

Warum Kohle, Erdöl und Klimagase nicht dort belassen, wo sie hingehören? Energie lässt sich schließlich auch anders gewinnen.

Seit in England die ersten Dampfmaschinen ratterten (also seit rund 200 Jahren), haben die Menschen die Atmosphäre als globale Müllkippe missbraucht – für Kohlendioxid. Das Gas sieht zwar nicht hässlich aus und liegt nicht unschön in der Landschaft herum, und gefährlich für Leib und Leben ist es auch nicht. (Zumindest nicht unmittelbar und nicht für die allermeisten Verursacher in den frühen Industrienationen.) Aber jetzt bekommen wir doch die Quittung: Denn wir haben heute genug Erkenntnisse über die Klimaerwärmung und ihre Folgen, die uns unsere Verantwortung vor Augen führen und uns zum Handeln zwingen. Oder zwingen *sollten.*

Dabei ist eigentlich alles ganz einfach: Fast alle Nationen der Erde haben sich in Paris im Jahr 2015 darauf geeinigt, die Erwärmung auf weniger als zwei Grad im Vergleich zu vorindustriellen Zeiten zu begrenzen. (Dazu mehr im folgenden Kapitel.) Um das zu erreichen, müssen wir vor allem die Verbrennung von fossilen Energieträgern reduzieren. Soll heißen: Kohle, Öl und Gas im Boden belassen. Forscher haben errechnet, dass wir von den derzeit bekannten Kohlereserven nur etwa ein Zehntel fördern und verbrennen dürften, dazu rund ein Drittel der Erdölreserven und die Hälfte der Gasvorkommen, wenn wir unter der magischen Zwei-Grad-Grenze bleiben wollen.[8] Wird uns das gelingen?

An Ideen, wie wir es hinbekommen könnten, fehlt es nicht. Seit den ersten Klimawarnungen in den 1970er-Jahren haben Wissenschaftler und Politiker eine Menge Strategien und Ideen entwickelt, mit dem Problem umzugehen. Internationale Konferenzen und Reduktionsziele für Emissionen zählen ebenso dazu wie Sonnen-Schutzschilde im All, Anpassungsmaßnahmen an kletternde Temperaturen und Meeresspiegel oder eine klimafreundlichere Müllbeseitigung. All diese Optionen sind derzeit in der Diskussion um den Klimawandel auf dem Tisch – oder werden bereits umgesetzt. Manche erscheinen uns konstruktiver als andere. Und von den wichtigsten soll in den folgenden Abschnitten die Rede sein.

Was sich bereits jetzt sagen lässt: Es gibt zwar vielversprechende Ansätze, um den Klimawandel zu bremsen, etwa die Energiewende *made in Germany*. Aber ein entschlossenes Umsteuern der Weltgemeinschaft ist nicht in Sicht. Stattdessen stagnieren die weltweiten Emissionen auf einem Rekordniveau von rund 36 Gigatonnen CO_2 jährlich.

INFO

Klimaaktivisten sprechen gern von *Peak Oil*. Das Fördermaximum von Öl sei bereits überschritten, eine Abkehr von ölgetriebener Produktion und Verkehr sei damit ohnehin unabwendbar geworden. Manche sehen sogar *Peak everything* gekommen. Doch leider stimmt das nicht. Es gibt sogar – ganz im Gegenteil – noch viel zu viele Tonnen fossile Energieträger. So erlebt etwa die Kohle gerade eine Renaissance.

2.4 ZWEI GRAD SIND GENUG: ZÄHE VERHANDLUNGEN

Der Klimawandel ist ein Problem, das nach einer globalen Lösung verlangt. Daran arbeiten inzwischen fast alle Nationen der Erde. Mit enormem Aufwand – und unsicherem Erfolg.

Delegierte beim UN-Klimagipfel in Paris im November 2015. Ob sie etwas bewirken? Immerhin das Ziel, den Temperaturanstieg auf 1,5 Grad zu begrenzen.

Die Erdatmosphäre kennt – außer nach oben und unten – keine Grenzen. Klimagase strömen zwar aus ganz konkreten Schloten, schaden aber in unterschiedlichem Ausmaß Menschen auf der ganzen Welt. Darum war es nur folgerichtig, dass sich die Vereinten Nationen der Sache annahmen, um die wichtigsten Verursacher an einen Tisch zu bekommen.

Einen ersten bahnbrechenden Erfolg gab es für die noch junge internationale Klimapolitik im Jahr 1992 in Brasilien. In Rio de Janeiro unterzeichneten immerhin 166 Staaten das sogenannte Klimarahmenabkommen mit dem monströsen Kürzel UNFCCC (United Nations Framework Convention on Climate Change). In Artikel zwei heißt es: „Das Endziel dieses Übereinkommens … ist es, … die Stabilisierung der Treibhausgaskonzentrationen in der Atmosphäre auf einem Niveau zu erreichen, auf dem eine gefährliche anthropogene Störung des Klimasystems verhindert wird." Eine hehre Absicht – oder etwa nicht?

Doch sogleich stellte sich natürlich die Frage, welches Treibhaus-gas-Niveau genau gemeint sei. Und was eigentlich eine „gefährliche Störung des Klimasystems" sei.

Seit 1995 treffen sich die Unterzeichner der Klimarahmenkonvention jedes Jahr, um den Klimaschutz voranzubringen. Die wichtigsten Ziele: stärkere Emissionsbegrenzungen in den Industriestaaten, Finanzhilfen für Länder, die die Folgen des Klimawandels schon zu spüren bekamen, und eine Einbindung von aufstrebenden Schwellenländern wie China und Indien.

EIN KRAFTAKT DER KLIMADIPLOMATIE

Einen Meilenstein der Klimapolitik markiert die 3. Vertragsstaatenkonferenz (COP3) von Kyoto im Jahr 1997. In „wirren, endlosen Nachtsitzungen" wurde, wie sich der Klimaforscher Hans Joachim Schellnhuber als Teilnehmer der deutschen Delegation erinnert, ein „bürokratisches Monstrum" geboren: das *Kyoto-Protokoll*. Das Ergebnis eines zähen diplomatischen Ringens unterschrieben schließlich 175 Staaten, die zusammen für immerhin 62 Prozent des weltweiten CO_2-Ausstoßes verantwortlich waren.

Die Unterzeichner verpflichteten sich erstmals zu verbindlichen Reduktionszielen, die von Land zu Land sehr unterschiedlich ausfielen. Deutschland erhielt als Vorgabe 21 Prozent (beim Erreichen bis zum Stichjahr 2012 half nicht nur der Ausbau der erneuerbaren Energien, sondern auch der Niedergang der Industrie im Osten nach der Wiedervereinigung). Portugal dagegen durfte seine Emissionen sogar steigern: um 27 Prozent. Das *Kyoto-Protokoll* wurde 2013 noch einmal verlängert – bis 2020.

INFO

Kyoto war nur ein erster Schritt auf dem weiten Weg des internationalen Klimaschutzes. Denn die Ziele (unter anderem 5,2 Prozent Klimagas-Reduktion) waren wenig ehrgeizig. Nach Angaben des IPCC müssen die Industrienationen ihre Emissionen bis 2050 um bis zu *95 Prozent* – im Vergleich zu 1990 – verringern, um unter einer Erwärmung von zwei Grad Celsius zu bleiben.

LIZENZ ZUM VERSCHMUTZEN

In Kraft trat das Abkommen 2005. Und damit auch der europäische Emissionshandel. Energiekonzerne und Industriebetriebe erhielten Verschmutzungsrechte und können seither damit handeln. Wer mehr CO_2 emittieren will, als ihm zusteht, muss die Rechte dazu wie an der Börse kaufen. Wer weniger braucht, verkauft sie. Die Idee steht heute allerdings in der Kritik. Denn die Preise sind so weit gesunken, dass der Emissionshandel kaum noch taugt, um das Klima zu schützen.

Bei der Frage, welche Klimafolgen die Staatengemeinschaft gerade noch tolerieren will, gab es dann im Jahr 2010 einen Durchbruch. Auf der 16. Vertragsstaatenkonferenz in Cancún, Mexiko, erkannten die Nationen erstmals offiziell das Zwei-Grad-Ziel an. Sie verpflichteten sich, gemeinsam eine Erwärmung von mehr als zwei Grad Celsius gegenüber vorindustriellen Zeiten zu verhindern.

ZWEI GRAD – UND NICHT MEHR!

Warum ausgerechnet zwei Grad? Der Wert ist nicht etwa das Ergebnis einer exakten Kalkulation, sondern eher ein politisch motiviertes Tempolimit. Die Zahl bedeutet: Wer schneller fährt, dem drohen unkalkulierbare Risiken. Doch ob wir noch unter dem Limit bleiben können, scheint fraglich. Und Kritiker wie der Klimaforscher James Hansen halten sogar zwei Grad für zu hoch angesetzt. Er nennt darum das Zwei-Grad-Ziel ein „Rezept für eine Katastrophe".

Bei den jährlichen Treffen der Vertragspartner (COP) gehören zähe Verhandlungen, spontane Verlängerungen, Medienrummel und Eklats zum Ritual. So kam es 2013 zu einem medienwirksamen Zwischenfall, weil Umwelt- und Entwicklungsorganisationen unter Protest vorzeitig den Konferenzsaal verließen. Denn die Verhandlungspartner konnten sich nicht darauf einigen, wie die Mittel für die geplanten Entschädigungen von Opfern des Klimawandels aufgebracht werden sollten. Auf den Philippinen hatte zuvor der Taifun „Haiyan" gewütet, Tausende Menschenleben gefordert und Millionen obdachlos gemacht.

Zuletzt trafen sich die Vertreter der Vertragsstaaten Ende 2015 auf der COP21-Konferenz in Paris: 130 Regierungsvertreter, 40 000 Diplomaten, Umweltschützer, Wirtschaftsvertreter, Wissenschaftler und Journalisten, geschützt von 15 000 Sicherheitskräften. Die Aufgabe: einen Nachfolger für das 2020 auslaufende *Kyoto-Protokoll* zu formulieren. Die Ergebnisse im Überblick:

- Die Unterzeichnerstaaten wollen „Anstrengungen unternehmen, um den Temperaturanstieg auf **1,5 Grad** zu begrenzen". Damit konnten sich die kleinen Inselstaaten mit einer langjährigen Forderung durchsetzen.

- Alle Länder sollen in Fünf-Jahres-Schritten ihre Klimaziele verschärfen und Pläne dafür vorlegen.

- Von 2020 bis 2025 sollen jährlich 100 Milliarden Euro Finanzhilfen für arme, vom Klimawandel geschädigte Länder bereitgestellt werden.

- Alle Länder verpflichten sich, CO_2-Senken zu schützen, etwa Wälder und Moore.

INFO

Für zusätzlichen Zündstoff sorgte 2006 der ehemalige Chef der Weltbank, Nicholas Stern. Er rechnete in seinem berühmten *Stern-Report*[9] vor, dass es nur ein Prozent des globalen Bruttoinlandsprodukts kosten würde, den Klimawandel aufzuhalten. Nichts zu unternehmen könne dagegen zur schlimmsten Wirtschaftskrise seit den 20er-Jahren des 20. Jahrhunderts führen.

Nun also nicht mehr zwei Grad Celsius, sondern 1,5 Grad. Das ist sehr ambitioniert. Doch ist es auch realistisch? Forscher haben errechnet, dass die weltweiten Treibhausgasemissionen dafür zwischen 2045 und 2060 auf null zurückgefahren werden müssten.[10]

Nebenbei: Vor der 21. Klimakonferenz in Paris mischte sich erstmals der Papst in die Debatte ein. In seinem *Zweiten Rundschreiben* nennt Franziskus die Klimaerwärmung „eine der wichtigsten aktuellen Herausforderungen an die Menschheit". In ungewöhnlicher Deutlichkeit fordert er, die Klimagas-Emissionen drastisch zu reduzieren und aus der Verbrennung fossiler Energieträger auszusteigen. Ob er damit der Weltgemeinschaft in Sachen Klimaschutz auf die Sprünge hilft?

2.5 DASSELBE IN GRÜN: WAS TAUGT DIE GREEN ECONOMY?

Für den Klimawandel ist unser auf Wachstum gerichtetes Wirtschaften verantwortlich. Aber sind Ökonomie und Ökologie wirklich Gegensätze? Die „grüne Ökonomie" soll zeigen, dass beides vereinbar ist: Wachstum und Klimaschutz.

Auch Windräder sind Teil der *Green Economy*. Mit der dadurch gewonnenen sauberen Energie lässt sich durchaus Geld verdienen.

Am Rande der Klimakonferenz von Rio de Janeiro von 2012 gab es eine ungewöhnliche Demonstration. Zehntausende Menschen hatten sich versammelt – aber nicht, um gegen die fossile Industrie oder zu hohe Emissionen zu demonstrieren. Ihr Protest richtete sich gegen die *Green Economy*, die grüne Wirtschaft, eines der Hauptthemen der Konferenz. Was war geschehen? Was ist gegen eine „grünere", klimafreundliche Wirtschaft einzuwenden?

Die grüne Ökonomie ist kein Spleen von Wirtschaftswissenschaftlern in Birkenstock-Sandalen, sondern ein Konzept, das sich das Umweltprogramm der Vereinten Nationen (UNEP) und die Organisation für wirtschaftliche Zusammenarbeit und Entwicklung (OECD) mit ihren 34 Mitgliedstaaten auf die Fahnen geschrieben haben. Gemeint sind damit zum Beispiel gezielte Investitionen in grüne Energien, eine nachhaltige Landwirtschaft, Stadtentwicklung, Forstwirtschaft oder Fischerei. Sie sollen eine wirtschaftliche Entwicklung anstoßen, die ökologische Schäden vermeidet und soziale Ungleichheit verringert.

Eines der wichtigsten Ziele der grünen Ökonomie ist die Entkoppelung von Wirtschaftswachstum und Ressourcenverbrauch. Gelingen soll das durch technologische Innovationen und Effizienzsteigerungen.

WENIGER = MEHR: JEVONS PARADOX

Ob das funktioniert, ist jedoch fraglich. Ein Grund dafür ist der sogenannte *Rebound-Effekt*. Er beschreibt das Paradox, dass wir von einer Ressource mehr verbrauchen, obwohl wir sie immer effizienter einsetzen. Entdeckt hatte das Phänomen der englische Wirtschaftswissenschaftler William Stanley Jevons. Er beschrieb 1865, dass der Kohleverbrauch in England rasant gestiegen war – auch nach der Einführung der neuen, Kohle sparenden Dampfmaschine von James Watt. Denn weil die Kosten für die Befeuerung gesunken waren, konnten sich immer mehr Unternehmer eine Dampfmaschine leisten. In der Folge stieg wiederum die Nachfrage nach Kohle – und damit der Verbrauch.

Unermüdlich arbeiten Ingenieure an Innovationen, mit denen wir bei immer geringerem Brennstoffeinsatz immer größere Leistung erzielen. Trotzdem steigen die Verkehrsemissionen auch in Deutschland – weil immer mehr und immer leistungsstärkere Autos unterwegs sind.

KANN DIE ENTKOPPELUNG GELINGEN?

Grüne Ökonomen verweisen trotzig auf die Statistik: So gelang es 21 Nationen, im Zeitraum von 2000 bis 2014 wirtschaftlich zu wachsen und *zugleich* den CO_2-Ausstoß zu

Der Ruf nach praktikablen Maßnahmen gegen den Klimawandel wird lauter. Und der Unmut über die zögerlichen Klimaverhandler und die Industrie mit ihren CO_2-Schleudern wächst. Aber ist die Wirtschaft wirklich das Problem oder nicht vielmehr die Lösung? „Der internationale Klimaschutz ist gescheitert, jetzt bleibt nur noch der Pakt mit der Wirtschaft. *Green Economy* ist die neue Nachhaltigkeit", schrieb *Spiegel Online* 2012 zur Eröffnung der Rio+20-Konferenz.

Beispiel Auto: Die Antriebstechnologie wird immer effizienter, manche Hersteller haben bereits Ein-Liter-Autos vorgestellt. Doch zugleich werden immer kraftvollere Motoren verbaut. Ein Kleinwagen bewegte vor 50 Jahren seine 620 Kilogramm mit 34 PS. Heute gibt es das gleiche Auto in Varianten mit bis zu 1480 Kilogramm und 218 PS. Außerdem werden schwere SUVs immer beliebter. Effizienzgewinne werden daher um 30 Prozent oder sogar mehr von Rebound-Effekten zunichte gemacht.

reduzieren, darunter Deutschland.[11] Für eine Überraschung sorgte jüngst auch China. Der weltgrößte CO_2-Emittent steigert seit 2014 zwar sein Wachstum – aber nicht seine Emissionen. Denn das „Reich der Mitte" setzt vermehrt auf erneuerbare Energien.

Die sich abzeichnende Entkoppelung von Wachstum und Ressourcenverbrauch in einigen der wirtschaftlich aktivsten Ländern der Welt gibt zwar Grund zu vorsichtigem Optimismus. Ein Anlass zum Jubeln ist sie aber nicht. Denn um einen entscheidenden Beitrag zum Klimaschutz leisten zu können, müsste sie weit stärker ausfallen.

CO_2-EMISSIONEN SAGEN NICHT DIE GANZE ÖKOLOGISCHE WAHRHEIT

Hinzu kommt: Die CO_2-Emissionen sind nur ein Teil des ökologischen Fußabdrucks. So plant China zum Beispiel, auch den Anteil von Kernkraft weiter zu erhöhen, Dutzende Anlagen sind in Planung. Weitere Kollateralschäden des Wachstums sind etwa ökologische Desaster durch Staudammprojekte und der enorme Flächenverbrauch für Windkraft- und Solaranlagen. „Klimafreundlich" heißt nicht automatisch „umweltverträglich".

WACHSTUM ÜBER ALLES

Das zentrale Dogma des westlichen Wirtschaftsmodells bleibt jedenfalls das Wachstum. Oder, wie Rachel Kyte, die Vize-Präsidentin der Weltbank, zuständig für nachhaltige Entwicklung, es ausdrückt: „Über irgendetwas anderes zu sprechen als darüber, wie wir wachsen können, ist ein Rohrkrepierer."

Wachstum, so will es die grüne Ökonomie, soll auch dadurch zustande kommen, dass Länder ihrer Natur und deren Dienstleistungen einen Geldwert zumessen. Wälder, Moore und Küsten etwa sollen, umgewandelt in Zahlen, in die Wirtschaftsbilanzen einfließen. Um so zu verhindern, dass Wachstum erzielt wird, indem Natur zerstört oder geschädigt wird. Rachel Kyte gibt ein Beispiel aus Thailand: Mangrovenwälder entlang der Küste abzuholzen bringt rund 1000 Dollar pro Hektar. Auf derselben Fläche eine Shrimp-Farm zu errichten: 10 000 Dollar. Wenn man jedoch den Wert der Wälder für den Küstenschutz in Geld umrechnet, kommt man – so Weltbank-Vize Kyte – auf 16 000 Dollar. Ein starkes Argument für mehr Küstenschutz. Theoretisch.

BIG BUSINESS IM GRÜNEN GEWAND?

Umweltschützer und Menschenrechtsgruppen warnen unterdessen vor zu viel Optimismus. Denn unter dem Deckmantel der grünen Wirtschaft würden auch fragwürdige Großprojekte realisiert. Ein Beispiel: das brasilianische Wasserkraftwerk Belo Monte am Rio Xingu, einem Nebenfluss des Amazonas. Mit elf Gigawatt klimafreundlich produziertem Strom wird die Anlage nach der Fertigstellung das drittgrößte Kraftwerk der Welt sein. Allerdings müssen dafür mehr als 20 000 Menschen umgesiedelt werden. Und 1500 Quadratkilometer Urwald fielen dem Projekt schon zum Opfer.

Auch dagegen protestierten die Demonstranten 2012 auf dem Gipfel von Rio: *Big Business* im grünen Gewand. Unterstützt von Umwelt- und Klimaschützern, die nicht glauben, dass die Rechnung des klimafreundlichen Wachstums aufgeht.

Nebenbei: Beim Umschwenken auf einen klimafreundlicheren Wachstumspfad stören auch fehlgeleitete Subventionen. Aus den Staatskassen erhalten Energiekonzerne weltweit für ihre fossilen Geschäfte jährlich schätzungsweise 500 Milliarden US-Dollar.[12]

2.6 MEERESDÜNGUNG, SCHUTZSCHILDE IM ALL, CO_2-VERPRESSUNG: GUTE IDEEN?

Während Wissenschaftler, Politiker und Diplomaten über das Ergrünen der Wirtschaft und CO_2-Reduktionsziele streiten, entwickeln Ingenieure „Medikamente" gegen den Klimawandel. Mit Geo-Engineering wollen sie den überhitzten Planeten herunterkühlen.

Zukunftsmusik oder baldige Realität? So könnten Sonnensegel im All aussehen, die Sonnenstrahlen vor ihrem Eintritt in die Atmosphäre zurückwerfen.

David Keith ist sauer. Der Harvard-Professor bekommt einfach keine Genehmigung für sein Experiment. Er will mit einem kleinen Ballon Schwefel in der Atmosphäre freisetzen. Nicht mehr, als ein Passagierflugzeug in einer einzigen Minute ausstößt. Auf diese Weise will er herausfinden, wie die Substanz sich in der Atmosphäre verhält – und wie die Partikel die Sonnenstrahlen in den Weltraum zurückwerfen. Aber er darf nicht. Politikern und den Genehmigungsbehörden ist das Thema zu heiß.

Der Physiker erforscht mögliche Verfahren, das Erdklima künstlich zu kühlen, sogenanntes *Geo-Engineering*, auch *Climate-Engineering* genannt. Es gibt mittlerweile eine ganze Reihe von Ideen, wie das gelingen könnte. Und alle werden kontrovers diskutiert – mit guten Gründen.

SONNENSCHIRME UND CO_2-FÄNGER

Geo-Engineering ist nichts anderes als die Manipulation des Klimas mit technischen Mitteln. Ein Plan B für den Patienten Erde sozusagen. Falls wir es nicht schaffen, den Ausstoß von Klimagasen zügig und drastisch zu reduzieren.

Grundsätzlich gibt es zwei verschiedene Therapieansätze. Zum einen könnten wir die Sonneneinstrahlung reduzieren, um die Erderwärmung zu stoppen. Zum anderen könnten wir versuchen, überschüssiges CO_2 wieder aus der Atmosphäre zu entfernen, um es dann irgendwo zu deponieren. Die wichtigsten Ideen im Überblick:

SCHWEFELDIOXID ALS SONNENSCHIRM

Von dem Chemie-Nobelpreisträger Paul Crutzen stammt die Idee, die Atmosphäre mit Schwefel zu „impfen". Als Vorbild diente der Ausbruch des Pinatubo im Jahr 1991. Der Vulkan schleuderte große Mengen Staub und zehn Millionen Tonnen Schwefel in die Atmosphäre, wo sie sich gleichmäßig verteilten und dafür sorgten, dass weniger Sonnenstrahlung die Erdoberfläche erreichte. Das führte in den beiden darauf folgenden Jahren zu einer Abkühlung von weltweit bis zu 0,2 Grad Celsius.[13]

Nötig für einen solchen Kühleffekt wären Mengen, so glauben Ingenieure, die nur rund einem Prozent unseres jährlichen Schwefeldioxid-Ausstoßes entsprechen. Die Frage ist nur: Wie kommt das Zeug in die Atmosphäre? Ein Vorschlag lautet: mit 25 Kilometer langen Schläuchen, die von Heliumballons gehalten werden. Crutzen selbst sprach sich für eine andere Lösung aus: Heißluftballons könnten eine Schwefelladung in die Stratosphäre tragen, um sie dort zu verbrennen. Und David Keith denkt eher an Flugzeuge, die den Schwefel versprühen.

Dass Schwefel in der Lage ist, die Erde zu kühlen, ist erwiesen. Und nicht nur darum gehört die Idee zu den absoluten Favoriten der Klimaingenieure. Ihrer Ansicht nach ist das Verfahren vergleichsweise kostengünstig und technisch eher leicht umzusetzen. Zudem wirkt es schnell – siehe Pinatubo – und die Schwefelpartikel würden einen gleichmäßigen Sonnenschutz für die ganze Erde gewährleisten.

KOLLATERALSCHÄDEN UND RISIKEN

Allerdings, und auch das hat der Ausbruch des Pinatubo gezeigt, schädigt Schwefeldioxid die Ozonschicht. Und es gibt noch mehr Probleme:

- Die Schwefelschicht würde nicht nur das Klima kühlen, sondern auch lokal das Wettergeschehen beeinflussen. Niemand könnte dann auseinanderhalten, welche Stürme „normal" und welche eine Folge des technischen Großangriffs auf das Klima sind.

- Hinzu kommen ungeklärte rechtliche Fragen: Wer entscheidet, ob es legitim ist, stärkere Niederschläge in den Tropen hervorzurufen, um eine Dürre in Europa abzuwenden? Ein solches Gremium müsste erst noch geschaffen werden – und eine rechtliche Grundlage.

- Schließlich: Geo-Engineering beseitigt nicht die Ursache des Problems, sondern unterdrückt nur das Symptom, wie ein fiebersenkendes Medikament. Es müsste so lange fortgeführt werden, wie die Treibhausgasemissionen weiter steigen. Und wird die Therapie abgebrochen, droht ein 20-fach höherer Temperaturanstieg als der momentane.

Diese und weitere Einwände gelten auch für andere Methoden, die in der Diskussion sind. So schlug wiederum David Keith vor, die Atmosphäre mit Nanopartikeln zu „pudern". Diese nur zehn Mikrometer messenden Plättchen sollten auf der einen Seite aus Aluminium bestehen, auf der anderen aus einem Stoff namens Bariumtitanat. Dank spezieller Eigenschaften würden diese Plättchen sich stabil oberhalb der Stratosphäre halten – und mit der Aluminiumseite die Sonnenstrahlen reflektieren. Der Vorteil: Diese Teilchen würden die Ozonschicht nicht angreifen. Allerdings sind die beiden Komponenten gesundheitsschädlich. Sollten wir folglich nicht doch lieber konventionellen Klimaschutz betreiben, die Energiewende voranbringen und Emissionen vermeiden?

Andere Forscher schlagen vor, Sonnensegel im Weltraum zu installieren oder gar Billionen von transparenten Scheiben in eine Erdumlaufbahn zu schicken. Ein Segel, das die Sonnenstrahlung auf der Erde um zwei Prozent verringert, müsste allerdings etwa die Größe Indiens haben. Und es gibt gegen diese Ideen noch einen weiteren Einwand: Wenn wir die Erde verdunkeln, sinkt auch die Stromausbeute der Solaranlagen.

Etwas „erdnäher" – wenn auch nicht weniger futuristisch – ist dagegen die Idee, auf den Ozeanen Wolken zu erzeugen. Die sollen, ähnlich wie die Eisflächen der Pole, die *Albedo* der Erde erhöhen, also ihre Fähigkeit, Sonnenstrahlung zu reflektieren. Dazu könnte eine ganze Flotte von windgetriebenen Glasfaserbooten durch riesige Schornsteine zerstäubtes Meerwasser in die Atmosphäre blasen. Wo sich dann dank der Salzkristalle besonders helle, stark reflektierende Wolken bilden. Soweit die Theorie.

Andere Vorschläge sehen vor, Wüsten oder Meere mit Reflektoren zu bedecken. Der Materialaufwand wäre allerdings gigantisch. Allen diesen Verfahren ist eines gemeinsam: Sie würden schnell ihre Wirkung entfalten. Aber sie lassen auch den Verantwortlichen für die Klimaerwärmung, das CO_2, in der Atmosphäre. Das Problem der Ozeanversauerung würde sich also weiter verschärfen.

HILFT DAS ERGRÜNEN DER MEERE?

Es gibt allerdings auch Vorschläge, das überschüssige Kohlendioxid der Atmosphäre zu entziehen. Zum Beispiel indem man den Ozean düngt. Die Idee dahinter: Tonnenweise Eisensulfat regen an der Meeresoberfläche ein massenhaftes Wachstum von Algen an, wobei die Einzeller CO_2 binden. Die Algen sterben ab, sinken zum Ozeanboden und bilden große CO_2-Senken.

Eher naiv mutet der Vorschlag an, *Hausdächer und Wege* weiß zu streichen. Das würde zwar – im großen Stil angewandt – die *Albedo* der Erde erhöhen, wäre aber teuer und ziemlich ineffektiv. So etwas Ähnliches gibt es übrigens schon: zum Beispiel in Dörfern auf der griechischen Insel Santorin. Dass weiße Oberflächen auch in der Sonne kühl bleiben, ist nämlich schon länger bekannt.

Erste Versuche dazu gab es schon, wenn auch nicht sehr vielversprechende. Denn es zeigte sich, dass die Algen zwar schneller wachsen, aber von größeren Organismen gefressen werden, bevor sie zu Boden sinken. Würde das Verfahren im großen Stil angewandt, wandten Kritiker ein, könnte sich die Artenzusammensetzung in den Ozeanen verändern, es könnten sauerstoffarme Zonen oder toxische Algenblüten entstehen.

Weitere Vorschläge sehen vor, mit riesigen, bis zu 200 Meter tief reichenden Schläuchen die Schichten der Ozeane zu durchmischen – um so das Algenwachstum durch nährstoffreiches Tiefenwasser anzuregen.

LÄSST SICH DAS CO_2 WEGSCHLIESSEN?

Realistischer scheinen da Überlegungen, das CO_2 dort abzufangen, wo es entsteht, zum Beispiel in den Schornsteinen der Kohlekraftwerke. Hier ließe sich das Gas aus dem Abgasstrom filtern und unter Druck unterirdisch lagern. Man nennt das auch CCS *(Carbon Dioxide Capture and Storage)*. Techniken dazu werden schon erforscht. Es gibt damit allerdings zwei Probleme: Zum einen arbeiten Kraftwerke mit CCS weniger effektiv. Je Kilowattstunde müssen für die CO_2-Abscheidung und den Transport 30 Prozent mehr Kohle verbrannt werden. Und dann bräuchten wir geeignete Lagerstätten, die absolut luftdicht sein müssen. Und das für Tausende von Jahren.

Weniger realistisch ist dagegen die Idee, entlang von Straßen künstliche Bäume aufzustellen, die der Luft CO_2 entziehen. Denn der technische Aufwand, um dieses Vorhaben in die Tat umzusetzen, wäre enorm. Und im Vergleich zu Kraftwerksabgasen ist die CO_2-Konzentration in der Atemluft 300 Mal niedriger. Die Ausbeute wäre also gering.

Auch echte Pflanzen, besonders Bäume, würden sich natürlich als CO_2-Speicher eignen. Man müsste nur dafür sorgen, dass sie sich nach ihrem Absterben nicht zersetzen und das CO_2 wieder frei wird. Also unterirdisch einlagern oder in der Tiefsee versenken? Die Kosten solcher Maßnahmen dürften den Nutzen bei Weitem übersteigen. Dennoch spielen Bäume und andere Pflanzen, fernab von Geo-Engineering, natürlich als CO_2-Senken eine wichtige Rolle beim Kampf gegen den Klimawandel.

FAZIT

Geo-Engineering klingt zwar nach Science-Fiction und technologischem Größenwahn. Doch an Ideen mangelt es nicht. Und einige davon scheinen durchaus umsetzbar zu sein. Zum Beispiel die Idee, die Atmosphäre mit Schwefeldioxid anzureichern. Darum kann der Physiker David Keith vielleicht schon bald mit seinen Experimenten beginnen. Doch auch dieser „Klima-Hack" birgt, wie alle anderen Ideen, das sensible Klimasystem der Erde zu manipulieren, erhebliche Unsicherheiten. Ob der gewünschte Erfolg eintritt, kann kein Forscher garantieren – ebenso wenig, dass unerwünschte Nebenwirkungen ausbleiben.

Das größte Risiko ist aber: Dass die Bemühungen der Weltgemeinschaft um effektiven Klimaschutz und mehr Nachhaltigkeit ganz erlahmen, wenn ein schnell wirkender Fiebersenker billig zu haben ist.

2.7 FIT FÜR EINE HEISSE ZUKUNFT? LEBEN MIT DEM KLIMAWANDEL

Was, wenn die Weltgemeinschaft es nicht schafft, die Erwärmung auf 1,5 oder 2 Grad Celsius zu begrenzen? Wenn die ergrünte Wirtschaft doch nicht die erhoffte Rettung bringt? Und wenn Geo-Engineering zu nichts führt? Dann müssen Anpassungsmaßnahmen her.

Steigt der Meeresspiegel weiter, müssen die Deiche auch an deutschen Küsten erhöht werden.

Der Klimawandel ist da – aber sind wir auch darauf vorbereitet? In den Küstenregionen von Bangladesh oder den tief liegenden Inselstaaten im Pazifik zeigt sich bereits heute, dass schnell umfassende Maßnahmen nötig sind, um die Schäden zu begrenzen. Oder nötig wären. Denn viele Länder können sich einen effektiven Hochwasserschutz, wie er etwa in Deutschland und den Niederlanden selbstverständlich ist, gar nicht leisten.

Auch andere Regionen, die vergleichsweise arm und landwirtschaftlich geprägt sind, werden stärker betroffen sein als die reichen Industrienationen. Zumal sie nicht über die nötigen Mittel verfügen, um die zu erwartenden Schäden zu verhindern oder zu kompensieren – etwa durch künstliche Bewässerung. Die Anpassung wird hier vor allem darin bestehen, das Land zu verlassen.

Zum Beispiel in Richtung Europa. Ernteausfälle dürften für die Flüchtlingsströme in den reichen Norden mitverantwortlich sein (siehe S. 8).

DER KLIMAWANDEL IN DEUTSCHLAND

Aber auch in Deutschland sind Anpassungsmaßnahmen erforderlich. Eine Studie des Umweltbundesamtes zählt gleich ein ganzes Bündel auf:

Auf der *Pariser Klimakonferenz* von 2015 beschlossen die Teilnehmer, den vom Klimawandel besonders betroffenen Ländern von 2020 bis 2025 jährlich 100 Milliarden Dollar bereitzustellen. Doch das ist angesichts der zu erwartenden Folgen ein Tropfen auf den heißen Stein.

- Weil der Meeresspiegel ansteigt, müssen die Deiche an den Küsten erhöht werden. An der schleswig-holsteinischen Nordseeküste gilt schon heute der „Klimazuschlag": Neue Deiche werden hier 50 Zentimeter höher errichtet.

- Besonders in Städten und Ballungsräumen wird es im Sommer heiß werden. Hier müssen sich Krankenhäuser und Altenheime auf häufigere Notfälle einstellen – und selbst für eine bessere Klimatisierung sorgen.

- Grünflächen, Gewässer, Schatten spendende Bäume und Gründächer werden immer wichtiger für die Klimatisierung der aufgeheizten Städte und Ballungsräume. In Flächennutzungsplänen müssen Frischluftschneisen berücksichtigt werden.

- Bebauungspläne müssen einen effektiven Schutz vor häufigerem Hochwasser und Überschwemmungen gewährleisten.

- Trockenheit und starke Regenfälle werden dazu führen, dass immer mehr fruchtbarer Boden weggeweht oder -geschwemmt wird. Für die Landwirtschaft bedeutet das: weniger pflügen!

- Werden Deiche zurückverlegt und Auenwälder renaturiert, sinkt die Hochwassergefahr an großen Flüssen. Und nebenbei profitiert auch noch die heimische Tier- und Pflanzenwelt.

- Das Schienennetz der Bahn wird bei Hitze häufiger kontrolliert werden müssen. Neue, belastbarere Stahlschienen sind erforderlich, um Verformungen zu verhindern.

- Rund die Hälfte des heutigen Autobahnnetzes müssten bei einem weiteren Temperaturanstieg und sommerlicher Hitze durch Spezialasphalt ersetzt werden.

- Versicherungen gegen Elementarschäden an Gebäuden, zum Beispiel durch Hochwasser, werden wichtiger. In der Diskussion ist sogar eine Versicherungspflicht.

- Immer häufiger bleibt an Skiorten in den Alpen der Schnee aus. Weil Schneekanonen keine Dauerlösung sind, müssen die Tourismusorte umsatteln, zum Beispiel auf einen ganzjährigen Wander- oder Wellness-Tourismus. Entspannen an Nord- und Ostsee wird bei Touristen beliebter – denn am Mittelmeer klettern die Temperaturen im Sommer stetig.

DIE BESTE ANPASSUNG: KLIMASCHUTZ

Die beste Anpassungsoption ist immer noch der Klimaschutz. Der Klimaforscher Hans Joachim Schellnhuber verdeutlicht das am Beispiel der Karibik, einer Region, die mit immer mehr Hurrikanen rechnen muss. Dort gibt es drei alternative Handlungsoptionen: 1. Die Bedrohung ignorieren. 2. Die Karibik hurrikansicher machen. 3. Die bedrohten Regionen evakuieren.

1. Entfällt, weil die Bedrohung offensichtlich ist und die Tendenz zu mehr und heftigeren Wirbelstürmen wissenschaftlich belegt ist. 3. Kommt nicht infrage: Schließlich geht es auch um prestigeträchtige Regionen wie Florida. Und 2.? Utopisch, weil viel zu teuer.

Dabei haben Wirtschaftswissenschaftler gezeigt, dass ein effektiver Klimaschutz machbar und bezahlbar ist. „Es besteht die Gefahr", resümiert Schellnhuber, „dass die Zitadellen der Mächtigen und Reichen (wie Miami und Cancún) wind- und wasserdicht gemacht werden, der Rest der Region muss sehen, wo er bleibt."

2.8 ODER IST DOCH ALLES NUR EIN GROSSER SCHWINDEL? DIE BELIEBTESTEN KLIMAMYTHEN

Es gibt einflussreiche Personen, Politiker und Organisationen, die die Erkenntnisse der Klimawissenschaft infrage stellen. Die Fossil-Lobby unterstützt sie mit Millionenbeträgen. Aus gutem Grund.

Sie sehen müde und verängstigt aus, die Menschen, die der Fotograf Nick Bowers porträtiert hat. Seine Serie mit eindringlichen Schwarz-Weiß-Fotografien heißt *Scared Scientists* – eingeschüchterte Wissenschaftler. Sie zeigt australische Klimaforscher, die von Kritikern ihrer Forschung immer heftiger attackiert werden, auch persönlich.

Dabei ist Kritik in der Wissenschaft weder ungewöhnlich noch unangebracht. Im Gegenteil – der wissenschaftliche Fortschritt beruht sogar darauf, dass Forschungsergebnisse überprüft, angezweifelt und gegebenenfalls verworfen oder korrigiert werden. Wenn Einzelpersonen und Organisationen allerdings massiv Stimmung gegen einen Forschungszweig wie die Klimaforschung machen, stellt sich die Frage nach den Motiven.

Eine schwarze und zähe Brühe. Doch weil wir viel Öl verbrauchen, ist es ein lohnendes Geschäft. Grund genug für seine Betreiber, den Klimawandel, den sie mitverursachten, zu leugnen.

DIE ERDÖL-LOBBY SIEHT IHRE FELLE DAVONSCHWIMMEN

Wenn die Menschheit sich aufgrund einer ambitionierten Klimapolitik entschließen sollte, den Großteil aller Kohlenstoffvorräte unter der Erde zu lassen, wäre ein kompletter Industriezweig mit einem Schlag ruiniert. Folgerichtig setzen die Vertreter von Kohle-, Erdöl- und Gaskonzernen alles daran, die Grundlage eines solchen Entschlusses zu erschüttern. Sie zweifeln die Ergebnisse der Klimawissenschaft an. Und unterstützen Politiker, die es auch tun. In den USA haben die Superreichen der Fossil-Lobby im Jahr 2015 den Wahlkampf klimaskeptischer Politiker aus den Reihen der Republikaner mit 100 Millionen Dollar unterstützt.[14]

Andere Skeptiker haben zum Beispiel Sorge, dass durch zu viel staatliche Regulierung – also staatlich verordneten Klimaschutz – die Marktwirtschaft eingeschränkt werden soll. Die Argumente der Klimaskeptiker lassen sich in drei Gruppen zusammenfassen.

1. Die einen sagen, der Klimawandel finde gar nicht statt.

2. Andere behaupten, für die Erwärmung sei nicht der Mensch verantwortlich.

3. Die dritte Gruppe meint, die Folgen des Klimawandels würden übertrieben.

FINDET DER KLIMAWANDEL STATT?

Wenn es um den Klimawandel geht, sprechen Forscher oft über *parts per million* oder Zehntelgrade – Werte, die uns sehr klein erscheinen. Und tatsächlich reicht ein Menschenleben in der Regel nicht aus, um die Erwärmung am eigenen Leib zu erfahren. Dennoch ist sie ein wissenschaftliches Faktum. Heute sind sich 97 Prozent aller Klimaforscher einig: Eine messbare Erderwärmung findet statt – und verantwortlich dafür ist der Mensch. Bedeutende Wissenschaftsorganisationen aus 80 Ländern, darunter die American Meteorological Society und die National Oceanic and Atmospheric Administration (NOAA), erkennen die Rolle des Menschen für den Klimawandel an.

Aber was, wenn die Klimaforschung nur eine riesige Verschwörung ist?

Tatsächlich kursieren Vorwürfe, Klimaforscher betrieben ihre Forschung nur, um „erwünschte" Ergebnisse zu liefern. Und um Geld, Status und Macht zu erlangen. Also ist alles nur eine riesige Verschwörung? Das ist natürlich Unsinn. Denn dazu müssten Tausende „eingeweihte" Wissenschaftler dichthalten – und das seit Jahrzehnten. Rein rechnerisch, das haben Analysen historischer Verschwörungen gezeigt , hätte sie bei so vielen „Mitwissern" schon nach wenigen Jahren auffliegen müssen.[15]

Nebenbei: Aus finanzieller Sicht ist es sicherlich lukrativer, wider besseren Wissens zu beweisen, dass der Klimawandel ausfällt. Die Mineralölindustrie fördert solche Forschung mit Millionenbeträgen.[16] Auch dass Klimaforscher ihre Ergebnisse in Richtung Klimawandel manipulieren, um Forschungsgelder zu erschleichen, ist wenig plausibel. Denn wer mit Täuschungsabsicht Fehler macht, der hat kaum Aussicht auf Forschungsgelder. Und sein wissenschaftliches Ansehen ist dahin.

Okay, sagen manche Kritiker. Aber was ist mit den Gletschern, die nicht schrumpfen, sondern wachsen?

Es gibt tatsächlich eine geringe Anzahl von Eisriesen, die auch heute noch an Masse zulegen. Darunter solche, die sich periodisch ausdehnen und zusammenziehen, oder solche, die von stärkerem Schneefall profitieren. Aber sie sind die Ausnahme. Die Mehrzahl der Gletscher schrumpfen, das zeigen Daten des World Glacier Monitoring Service (WGMS) in Zürich. Nur 19 von 108 untersuchten Gletschern wuchsen in der Saison 2009/2010. Die Mehrzahl – 80 Prozent – nimmt an Masse ab. Und laut IPCC besteht sehr große Sicherheit darüber, dass sich der Masseverlust seit den 1960er-Jahren beschleunigt hat.

Und warum war es dann im Mittelalter, als es noch keine Verbrennungsmotoren gab, so warm?

Stimmt, als Erik der Rote auf Grönland landete, im Jahr 985, war die Insel vermutlich grüner als in den Jahrhunderten davor. Allerdings war es dort wohl nicht wärmer als heute. Denn das Inlandeis existiert ununterbrochen seit mindestens 400 000 Jahren. Und Landwirtschaft war auch damals nur an besonders geschützten Stellen entlang der Südküste möglich. Erik der Rote fand folglich auf Grönland keinesfalls eine Südseeinsel vor.

Zudem gibt es eine natürliche Erklärung für die mittelalterliche Warmzeit (ca. 950 bis 1250 n. Chr.). Forscher führen sie auf eine vorübergehend gestiegene Sonnenstrahlung und seltenere Vulkanausbrüche zurück – beides Faktoren für eine Erderwärmung. Im tropischen Pazifik war es um dieselbe Zeit übrigens wesentlich kälter als heute.

IST DER MENSCH FÜR DEN KLIMAWANDEL VERANTWORTLICH?

Ganz klar: ja. Nur mit natürlichen Einflussfaktoren lässt sich die Erwärmung, die wir seit Beginn der Industrialisierung beobachten, nicht erklären. Forscher haben errechnet, dass es aufgrund ausschließlich natürlicher Einflüsse wie Sonnenintensität und Vulkanismus zu einer leichten globalen Abkühlung hätte kommen müssen. Andere Faktoren, wie die Unregelmäßigkeiten der Erdumlaufbahn und die Verschiebung der Kontinente, scheiden als Ursachen aus. Sie laufen viel zu langsam ab, als dass sie die gegenwärtige rasante Erwärmung erklären könnten.

Messungen zeigen, dass der Gehalt von menschengemachten Treibhausgasen in der Atmosphäre ansteigt: Sie verraten sich nämlich durch die langwellige (Wärme-)Strahlung, die sie zur Erde zurückwerfen. Und diese Strahlung nimmt zu (siehe Kapitel 2.1).

Bislang hat noch kein Forscher den Treibhauseffekt widerlegt oder einen Grund genannt, warum der Treibhauseffekt nicht zu einem Temperaturanstieg in der unteren Atmosphäre führen soll. Folgerichtig hält der IPCC es für „äußerst wahrscheinlich, dass der menschliche Einfluss die Hauptursache der beobachteten Erwärmung seit Mitte des 20. Jahrhunderts war".

Aber warum hat sich dann die Erde zwischen den 40er- und den 70er-Jahren des 20. Jahrhunderts nicht erwärmt?

Stimmt. Zwischen etwa 1940 und 1975 machte die Erderwärmung eine Pause. Das bedeutet allerdings nicht, dass der Treibhauseffekt nicht wirksam war. Er wurde nur von einem anderen Effekt überlagert: der Sonnenverdunkelung durch Aerosole. Nach Kriegsende lief die industrielle Produktion wieder an, große Mengen Schwefeldioxid gelangten in die Atmosphäre, hinzu kamen Vulkanausbrüche. In der Atmosphäre bildeten sich aus dem Schwefeldioxid Sulfatpartikel, die das Sonnenlicht reflektierten – und so für eine leichte Abkühlung sorgten. In den 1970er-Jahren machte sich dann bemerkbar, dass Filteranlagen einen großen Teil des Schwefeldioxids aus dem Abgas von Kraftwerken und Fabriken abfingen. Der Kühl-Effekt war vorbei.

ODER WIRD DOCH ALLES GAR NICHT SO SCHLIMM?

Es gibt (leider) keinen Grund zur Entwarnung. Dagegen spricht unter anderem ein entscheidender Faktor: die *Klimasensitivität*. Sie gibt den Temperaturanstieg an, der sich aus einer Verdoppelung der CO_2-Konzentration in der Atmosphäre ergibt. Genau messen lässt sie sich nicht, nur aus historischen Daten rekonstruieren und mit Computern modellieren. Der IPCC kommt in seinem jüngsten Bericht zu dem Schluss, dass die Klimasensitivität zwischen 1,5 und 4,5 Grad Celsius liegt. Wenn wir annehmen, dass die Wahrheit irgendwo in der Mitte liegt, müssen wir uns auf gravierende Veränderungen einstellen. Zur Erinnerung: Wir haben heute schon eine CO_2-Konzentration von 404 ppm, mit stark steigender Tendenz. Normal waren mal 280 ppm.

Vielleicht überwiegen doch die positiven Auswirkungen der Klimaänderung?

Es ist zwar richtig, dass die Erwärmung und der CO_2-Anstieg (zunächst) günstigen Einfluss haben werden, zum Beispiel auf die Vegetation. Denn in einigen Regionen, etwa in Sibirien, wird man möglicherweise Pflanzen anbauen können, für die es heute dort zu kalt ist. Richtig ist außerdem, dass CO_2 Pflanzennahrung ist, sie brauchen es für die Fotosynthese. Es gibt allerdings auch Hinweise darauf, dass *zu viel CO_2* das Pflanzenwachstum hemmt – ebenso wie zu hohe Temperaturen. Und weit mehr noch wird Trockenheit Probleme bereiten. Die negativen Folgen des Klimawandels für die Ernteerträge, resümiert das IPCC, werden die positiven überwiegen.

Aller Voraussicht nach wird es auch mehr Konflikte geben. Das IPCC rechnet damit, „dass der Klimawandel mehr Menschen zu Flüchtlingen macht [und] indirekt das Risiko gewaltsamer Konflikte erhöht, weil er wohlbekannte Auslöser solcher Konflikte wie Armut oder wirtschaftliche Verwerfungen verschärft". Der Syrien-Konflikt (siehe S. 8) ist dafür nur *ein* Beispiel.

Aber haben die Menschen nicht schon immer einen Ausweg gefunden?

Psychologisch ist es ja verständlich, dass Menschen angesichts des Klimawandels auf den menschlichen Erfindungsgeist vertrauen. Doch technische Eingriffe zur Klimakorrektur wären riskant (siehe Kapitel 2.6). Und eine klimaschonende Energieerzeugung im großen Maßstab, etwa durch Kernfusion, liegt in weiter Ferne. Darauf zu vertrauen, dass zukünftige Forschung und Innovation das Problem für uns löst, wäre fahrlässig.

Angesichts der epochalen Dimension und der weitreichenden Folgen des menschengemachten Klimaproblems ist die lapidare Aussage „Den Menschen ist schon immer etwas eingefallen" nichts anderes als eine Art, die eigene Untätigkeit zu rechtfertigen. *Business as usual* auf Kosten zukünftiger Generationen. Nicht sehr smart. Und verantwortungsvoll schon gar nicht.

2.9 VERHINDERTE HELDEN: WARUM WIR MIT DEM KLIMA-SCHUTZ NICHT EINFACH ANFANGEN

Okay, wir wissen, dass es den Klimawandel gibt. Wir wissen, dass wir, die Menschen in den wohlhabenden, früh industrialisierten Gesellschaften, für ihn verantwortlich sind. Trotzdem tun wir nichts. Warum eigentlich?

Gründe dafür gibt es viele. Fangen wir mit der Art und Weise der Aufklärung an: Zum einen erschlägt uns die schiere Masse des verfügbaren Wissens. Hinter so viel Information wird das eigentliche Problem schon wieder unkenntlich. Wenn selbst Wissenschaftler über die Rolle der Sonnenaktivität in der Energiebilanz der Erde streiten, wie soll der Laie da durchsteigen? Diese Unübersichtlichkeit machen sich übrigens auch die Klimaskeptiker zunutze.

Hinzu kommt, dass wir gegen die unentwegten, teils übertriebenen Warnungen („Der Planet stirbt!") mit der Zeit abgestumpft sind. Was löst denn ein Bild mit einem Eisbären auf seiner schmelzenden Scholle heute noch in uns aus? Eben – nichts. Darum sieht man ihn in den Medien auch kaum noch, obwohl das Problem für

Eisbärin mit Jungem auf schmelzender Scholle. Warum bringt uns dieser Anblick nicht dazu, etwas gegen den Klimawandel zu tun?

Ursus maritimus heute drängender ist denn je. Und dafür, dass angeblich alles den Bach runtergeht, lebt es sich doch eigentlich ganz gut, oder? Übertriebene Warnungen haben sicherlich auch dazu geführt, dass wir den Warnern und Mahnern weniger glauben.

SOLLEN *DIE* SICH DOCH KÜMMERN!

Desorientiert und überfordert, wie wir sind, überlassen wir das Problem lieber anderen. Denen, die sich sozusagen von Amts wegen darum kümmern müssen. Und das tun sie ja auch mit gigantischem Aufwand, zuletzt wieder 2015 auf der Klimakonferenz von Paris. Und das scheinbar auch mit Erfolg. Wollen sie die Erwärmung jetzt nicht sogar auf 1,5 Grad begrenzen? Dann können wir uns ja wieder hinlegen.

Auch die Frage der Verantwortlichkeit verwirrt uns. Die Ursachen, Wirkungen und Folgen des Klimawandels sind so komplex, dass wir uns weigern, uns selbst als „Täter" zu sehen.

Was können wir schon dafür, dass wir in eine Welt hineingeboren wurden, in der es eine Industrialisierung gab? In der es heute völlig normal ist, jedes Jahr in den Urlaub zu fliegen und sich einen SUV zu kaufen, sobald man es sich leisten kann? In der klimaschädliches Verhalten als Lifestyle und Selbstverwirklichung gepriesen wird? Wo unser ökologischer Fußabdruck jedes Jahr größer wird, obwohl wir Deutschen uns für Umweltschutz-Weltmeister halten?

DIE KLUFT ZWISCHEN WISSEN UND HANDELN

Beim Arrangieren mit der Wirklichkeit hilft uns etwas, das Sozialpsychologen „Dissonanzreduktion" nennen. Gemeint ist damit unsere Fähigkeit, eine unliebsame Realität mit unseren Vorstellungen in Einklang zu bringen. Statt sofort zu handeln, verweisen wir also lieber darauf, dass das Klima sich aufgrund der Emissionen vergangener Jahrzehnte eh erwärmt. Dass die wirtschaftlich aufholenden Chinesen und Inder unsere Klimaschutz-Anstrengungen ohnehin zunichtemachen werden. Dass ohne ambitionierte Klimaabkommen alles für die Katz ist. Dass die Menschen erst gegen die Wand fahren müssen, bevor sie aktiv werden. Oder dass ihnen schon irgendetwas einfallen wird. Mit all diesen vorgeschobenen Gründen erlauben wir uns, trotz des Wissens um den Klimawandel in den Urlaubsflieger zu steigen. In der Konsumgesellschaft ist es leicht, Verantwortung zu ignorieren.

Und überhaupt: Menschen reagieren am besten auf konkrete, klar identifizierbare Gefahren. (Selbst hier gibt es Ausnahmen: Ein Raucher wird kaum aufhören zu rauchen, nur weil er weiß, dass das Rauchen sein Leben verkürzt.) Der Klimawandel dagegen ist extrem komplex. Und die Gefahren, die die Industrienationen heraufbeschwören, richten sich nicht in erster Linie gegen ihre eigenen Bewohner.

Aber wie könnte das aussehen, Verantwortung anzunehmen? Ein Anfang ist sicher der Entschluss, unseren persönlichen CO_2-Ausstoß zu verringern.

Denn es ist zwar richtig: Die Welt geht nicht unter. Und wir werden auch nicht schon dadurch zu „Klima-Helden", dass wir unsere Heizung um ein Grad herunterdrehen. Oder nicht mehr fliegen. Niemand kann allein die Erderwärmung aufhalten. Aber kann das ein Vorwand für *Business as usual* sein? Klug wäre es jedenfalls nicht. Denn so nehmen wir uns die Chance, ein bisschen ehrlicher, authentischer zu leben. Und vielleicht sogar genussvoller. Davon später mehr.

2.10 DIE WIRTSCHAFT – DAS SIND WIR ALLE: ALSO LEGEN WIR LOS!

Klimaschutz ist nicht nur Sache von Regierungen und Klimakonferenzen. Jeder kann zu Hause anfangen und zeigen, wie Klimaschutz funktioniert.

Auf geht's! Klimafreundlich leben ist eine Aufgabe, die sich uns allen gleichermaßen stellt.

Deutschland hat sich viel vorgenommen. Im Vergleich zu 1990 will die Bundesregierung bis 2020 ganze 40 Prozent der Treibhausgase einsparen. (Beim jetzigen Kurs drohen wir das Ziel allerdings um einige Prozentpunkte zu verfehlen.) Für 2050 sind sogar 80 bis 95 Prozent angepeilt. Klingt sehr ambitioniert. Doch reicht es auch?

DAS KOHLENSTOFF-BUDGET DER MENSCHHEIT

Um die Dringlichkeit von effektiven internationalen Klimaverpflichtungen zu verdeutlichen, hat das IPCC ein Kohle-Budget errechnet: Die Menschheit sollte, um unter zwei Grad Celsius zu bleiben, insgesamt nicht mehr als 1000 Milliarden Tonnen Kohlenstoff in die Atmosphäre schleudern.[18] Also rund 3670 Milliarden Tonnen CO_2. Seit Beginn der industriellen Revolution haben wir von unserem „Guthaben" allerdings schon mehr als die Hälfte aufgebraucht.

Wenn die globalen Emissionen weiter steigen, sind wir schon in 30 Jahren pleite. Und dann? Müssen die globalen Emissionen sofort auf null sinken. Ein ziemlich unwahrscheinliches Szenario.

Das Schöne an diesem Budgetansatz ist aber, dass er das Geschacher um Prozentpunkte bei den internationalen Klimaverhandlungen *ad absurdum* führt. Weil deutlich wird, wie hoch die Latte wirklich liegt. Und noch etwas macht ihn charmant: Mit den Zahlen lässt sich auch berechnen, über welches „CO_2-Guthaben" jeder einzelne Mensch auf der Erde verfügt. Denn darin sind sich viele Nachhaltigkeitsforscher einig: Global gerecht ist nur ein Ansatz, der allen Menschen dieselben Verschmutzungsrechte einräumt.

Je nach Schätzung variiert diese Zahl zwischen einer und 2,5 Tonnen CO_2 pro Mensch und Jahr. Natürlich hängt sie stark von der zukünftigen Bevölkerungsentwicklung ab, von der wirtschaftlichen Entwicklung und den Fortschritten der Klimapolitik. So oder so liegt sie sehr weit unter dem deutschen Durchschnittswert von rund *zwölf Tonnen*. Wir haben also einen weiten Weg vor uns.

VOR DER EIGENEN HAUSTÜR KEHREN

Statt nur auf die Stadtreinigung zu schimpfen, könnten wir ja auch einfach mal vor der eigenen Haustür kehren. Soll heißen: Man kann und soll Politiker dafür tadeln, dass sie keinen effektiven Klimaschutz wollen und die fossile Energiewirtschaft schonen. Noch besser ist es allerdings, einfach selbst anzufangen. Denn „die Wirtschaft", das sind wir alle. Schließlich sind wir es, für die der Kohlestrom produziert wird, das Billigfleisch in der Supermarkt-Theke oder das geländegängige Auto für die Stadt.

Nie hatten wir mehr Freiheit, uns für den Klimaschutz zu entscheiden. Klar, kaum jemand weiß aus dem Stand, wo sein neues Smartphone hergestellt wurde. Oder wie viel CO_2 seine Produktion freigesetzt hat. Aber es gibt heute so viele Informationen wie noch nie über Produkte und ihren CO_2-Fußabdruck.

In unserem Leben können wir *selbst* Klimaminister sein. Wir können eine Menge über die Klimawirkung unseres Lebensstils herausfinden, haben eine ziemlich gute Emissionskontrolle und sind in der Lage, uns Reduktionsziele zu setzen, von denen der IPCC nur träumen kann. Und sie auch zu erreichen.

Für den perfekten Einstieg in das CO_2-leichte Leben gibt es übrigens ein ideales Tool: den Klimarechner des Umweltbundesamts (uba.co2-rechner.de). In fünf Schritten und wenigen Minuten verrät der Klimarechner, wie Sie im Vergleich zum Durchschnitt dastehen – und wo Sie Potenzial zur Reduktion haben. Unbedingt ausprobieren! Selbst vermeintliche Klimafüchse können hier noch ihr blaues Wunder erleben.

Nach Ansicht des Bundesumweltamtes müssen wir unsere durchschnittlichen Pro-Kopf-Emissionen von derzeit zwölf auf unter eine Tonne CO_2e drücken. Ein sportliches Ziel – zumal derzeit mehr als 700 Kilogramm auf unserem CO_2-Konto allein durch die öffentliche Infrastruktur im Land anfallen: Bildung und Verwaltung, Militär, Straßenbau und Trinkwasserversorgung, um nur einige Beispiele zu nennen. Der große Vorteil des Rechners ist, dass seine Kalkulationsgrundlagen laufend aktualisiert werden. Außerdem werden neben CO_2 auch Lachgas und Methan berücksichtigt – zusammen angegeben als CO_2-Äquivalente (CO_2e).

3

UND LOS GEHT'S: CO_2-SPAREN IM HANDUMDREHEN

Rad fahren – damit sind Sie immer auf der klimafreundlichen Seite des Lebens.

Eines vorweg: CO_2-Spartipps sind keine Umerziehungsmaßnahme oder Öko-Gehirnwäsche. Es geht nicht um das „richtige" oder „falsche" Leben. Wenn jemand beruflicher Vielflieger ist: geschenkt! In seinem Freundeskreis wird er vielleicht dafür beneidet, wie weit er – oder sie – herumkommt. Fliegen gilt immer noch (und völlig zu Recht) als luxuriös. Es ist erstaunlich (und völlig zu Unrecht) billig. Und staatlich sanktioniert wird es schon gar nicht. Aber immerhin, da Sie bis hierher gelesen haben: Offenbar wollen Sie ja etwas ändern. Und dabei sollen Ihnen die folgenden Tipps helfen.

NICHT ZU VIEL VORNEHMEN

Alles, was Sie im Folgenden lesen werden, sind Vorschläge. Sie müssen nicht alles umsetzen – und schon gar nicht sofort. Je nachdem, wo Sie stehen (vielleicht haben Sie mit dem Klimarechner festgestellt, dass Sie schon weit unter dem Durchschnitt liegen – oder weit darüber), sollten Sie für sich Punkte ausmachen, mit denen Sie anfangen wollen. Auch dabei hilft der Klimarechner. Manches ist schnell erledigt, anderes braucht etwas Zeit und Überlegung. Einige Punkte sind CO_2-Peanuts, andere belasten das Klimakonto massiv, sind aber nicht ohne Weiteres zu ändern.

Ein Beispiel, um beim Vielflieger zu bleiben: Sie können mit der Fliegerei nicht sofort aufhören, wenn Ihr Beruf es erfordert. Sie können aber noch heute zu einem Ökostromanbieter wechseln. Nichts ist einfacher als das, und Grünstrom ist kaum teurer als Kohle- und Atomstrom. Gleichzeitig könnten Sie darüber nachdenken, ob Sie sich nicht zu der einen oder anderen Konferenz per Video zuschalten lassen. Oder ob Sie Ihren Arbeitgeber dazu bewegen können, die unvermeidbaren Flüge bei atmosfair.de zu kompensieren. Und wenn Sie langfristig denken: Vielleicht können Sie in eine Position wechseln, in der Sie nicht so viel reisen müssen?

Also: Nehmen Sie sich Zeit, lassen Sie die Informationen sacken, setzen Sie persönliche Schwerpunkte und vor allem: Überfordern Sie sich nicht! CO_2-Sparen ist kein Leistungssport, sondern Genussradeln.

CO_2-SPARPAKET FÜR EILIGE

- *Zu Ökostrom wechseln.* Elektrizität aus Wasser-, Wind- und Sonnenkraft ist kaum teurer. Und der Anbieterwechsel ist super einfach.

- *Weniger heizen.* Niemand soll im Winter frieren. Aber versuchen Sie mal, ob es auch mit einem Grad weniger geht.

- *Weniger Fleisch und Milchprodukte essen.* Damit tun Sie nicht nur dem Klima, sondern auch Ihrer Gesundheit einen Gefallen.

- **Öfter aufs Fahrrad steigen.** Macht Spaß, hält fit und schont Ihr CO_2-Konto.

- **Auf LED-Lampen umrüsten.** Der geringe Verbrauch wiegt die Mehrkosten bei der Anschaffung locker auf. Gibt's übrigens auch mit schönem, warmem Licht.

- **Unnötige Standby-Verluste vermeiden.** Zum Beispiel mit schaltbaren Steckerleisten.

- **Runter vom Gaspedal.** Fahren Sie mit dem Auto vorausschauend und spritsparend. Das schont Nerven und Umwelt.

- **Kochwäsche vermeiden.** In der Regel reichen 40 Grad in einer gut gefüllten Trommel. Das spart Energie und Waschmittel.

Apropos sparen: Vorbei sind die Zeiten, in denen ökologisch vorteilhafte Produkte sündhaft teuer waren. Außer bei Bio-Lebensmitteln müssen wir nirgendwo mehr tiefer in die Tasche greifen, wenn wir klimafreundlich konsumieren wollen. Und viele der vorgestellten Maßnahmen führen sogar direkt zu Einsparungen. So bekommen Sie eventuelle Mehrkosten für den Ökostrom locker dadurch wieder, dass Sie sparsamer mit Elektrogeräten umgehen. Wer spritsparend fährt, merkt es an der Zapfsäule. Und machen Sie ruhig einmal einen Vorher-Nachher-Vergleich bei Ihren Heizkosten. Es lohnt sich!

DIE SACHE MIT DEN ZAHLEN

Die Ratgeberliteratur zum klimafreundlichen und nachhaltigen Leben ist voll von Angaben in Gramm und Cent. Wenn Sie selbst recherchieren oder nachrechnen, werden Sie vielleicht in anderen Quellen abweichende Werte finden oder zu etwas anderen Ergebnissen kommen. Das kann daran liegen, dass Nachhaltigkeitsforscher die anteiligen Pro-Kopf-Emissionen von Produkten oder Dienstleistungen auf der Grundlage unterschiedlicher Daten berechnen. Und oft fehlen Daten einfach. Je nachdem, was alles miteingerechnet wird, können die Werte entweder höher oder niedriger ausfallen.

Ein Beispiel: Für die Tiermast in Europa verwenden Bauern Soja aus Südamerika. Weil die Nachfrage nach Soja ständig steigt, muss Grünland umgepflügt oder Regenwald gerodet werden. Und da beides wichtige CO_2-Senken sind, müsste diese Verminderung der Speicherfähigkeit eigentlich auf den CO_2-Fußabdruck des Filets aufgeschlagen werden, das wir im Supermarkt kaufen. Wird es aber in der Regel nicht. Je nachdem, woher das Fleisch stammt, kann es also sein, dass es tatsächlich weitaus klimaschädlicher ist, als die angegebenen Emissionen nahelegen.

Sätze wie „Mit dem Umstieg auf Ökostrom ersparen Sie dem Klima 1,5 Tonnen CO_2 jährlich" werden Sie in diesem Buch nicht finden. Denn um so eine Zahl seriös angeben zu können, müssten wir Ihren Stromverbrauch kennen, dazu Ihren Anbieter, und wissen, woher genau der Strom kommt (Wind, Wasser, Sonne oder Biogas? Wie alt sind die Anlagen?). Das Ergebnis müssten wir mit den CO_2-Emissionen aus dem aktuellen deutschen „grauen" Strommix vergleichen. Klar, dass das nicht funktioniert. Wo immer es sich anbietet, werden aber konkrete Zahlen genannt.

Hier geht es also weniger um Gramm und Cent, sondern um *Größenordnungen und Relationen*. Es geht darum, dass Sie ein Gefühl dafür bekommen, welche Lebensbereiche klimarelevant sind – und wo Sie gegensteuern können. Bei einer ersten Orientierung hilft auch das Statistische Bundesamt. Es hat für 2014 errechnet, dass beim Thema Wohnen (Heizung und Strom) mit 37,5 Prozent mit Abstand die meisten privaten Emissionen anfallen, gefolgt vom Verkehr mit genau einem Viertel. Erst an dritter Stelle taucht der Konsum von Produkten auf: mit knapp 17 Prozent.

 Mit diesem Symbol haben wir CO_2-Spartipps gekennzeichnet, die nicht nur leicht und schnell umzusetzen sind, sondern auch noch besonders viel bringen.

3.1 EINHEIZEN – ABER NICHT DEM KLIMA!

Die meiste Energie verbrauchen wir in der kalten Jahreszeit, um die eigene Wohnung zu heizen. Mit ein paar Tricks können Mieter und Eigentümer Kosten und Emissionen sparen.

Gar nicht so unrealistisch, diese Summe! Wer an den Heizkosten spart, kann mit einer Menge Geld rechnen.

Es gibt doch nichts Besseres, als in einer warmen Wohnung die Anspannung des Büroalltags hinter sich zu lassen. Doch die Wärme zu Hause gehört so selbstverständlich zu unserem Leben, dass wir vergessen, wie viel Rohstoffe, Energie und Infrastruktur nötig sind, um sie bereitzustellen. Und wie viele Emissionen das mit sich bringt: Pro Kopf verursachen wir nur durch das Heizen zu Hause durchschnittlich 1,8 Tonnen CO_2 jährlich. Also mehr Emissionen, als uns gerechterweise insgesamt zustehen. Grund genug, sich das einmal genauer anzusehen.

TIPP: *Verschaffen Sie sich einen Überblick. Wo Sie mit Ihren Heizkosten stehen, finden Sie am besten mit einem Online-Heizkostencheck heraus, zum Beispiel bei co2online.de.*

Für den Ungeübten ist der erste Blick auf die Heizkostenabrechnung verwirrend. Das fängt damit an, dass die tatsächlich verbrauchte Energie oft nicht in Kilowattstunden (kWh), sondern in Verbrauchseinheiten angegeben ist. Sie müssen also zuerst noch aus den Gesamt-Heizkosten des Hauses Ihren eigenen Verbrauch herausrechnen. (Oder Sie fragen einfach Ihren Vermieter.)

Beachten Sie auch, dass in der Abrechnung die Grundkosten und der tatsächliche Verbrauch nach einem bestimmten Schlüssel gewichtet werden, meistens sind es 50:50. Der Zweck davon ist, dass zum Beispiel schlecht gedämmte Dachwohnungen bei den Heizkosten nicht unnötig benachteiligt und die Kosten für Wärmeverluste durch ungedämmte Heizungsrohre gleichmäßig auf alle Mieter verteilt werden. Der Nachteil liegt allerdings auf der Hand: Energiesparende Maßnahmen in der eigenen Wohnung wirken sich nicht voll auf die Heizkostenabrechnung aus. Bei Wohnungen, die ab Mitte der 90er-Jahre gebaut wurden, können Sie von einem 30:70-Schlüssel ausgehen, der Ihren tatsächlichen Verbrauch stärker gewichtet. Im Zweifel fragen Sie bei Ihrem Vermieter nach.

ERSTE-HILFE-TIPPS

Sie wollen nicht lange herumrechnen? Auch ohne großen Aufwand und handwerkliches Geschick können Sie viel erreichen:

 **TIPP:** *Heizen Sie nicht mehr als nötig.*

Niemand soll in der eigenen Wohnung frieren. Aber nicht jeder Raum in der Wohnung oder im Haus muss bullig warm sein. Im Schlafzimmer reichen in der Regel 16 Grad Celsius, im Wohnzimmer 20. Über den Daumen gepeilt gilt: Wenn Sie in einem Raum die Temperatur von 24 auf 20 Grad herunterregeln, können Sie dabei rund ein Fünftel der Heizkosten einsparen – und die entsprechenden Emissionen.[20] Übrigens: Bei den meisten Thermostaten bedeutet die Ziffer 3 eine Temperatur von rund 20 Grad Celsius. Die 2 steht für 16 bis 18 Grad.

Wenn Sie tagsüber unterwegs sind, können Sie die Thermostaten beim Verlassen der Wohnung auf 16 Grad herunterregeln. Sie ganz abzustellen lohnt sich in der Regel nicht, weil viel Zeit und Energie dafür aufgewendet werden muss, die Bude bei der Rückkehr wieder warm zu bekommen. Achten Sie außerdem auf geschlossene Türen zwischen warmen und kühleren Räumen. Das hält nicht nur die Wärme im Zimmer, sondern auch die Luftfeuchtigkeit, die im kühleren Raum kondensieren und dann für feuchte Wände sorgen könnte.

TIPP: *Fenster sind Kältebrücken: Bei klirrender Kälte sollten Sie nachts – sofern vorhanden – Rollläden oder Rollos herunterlassen und die Gardinen zuziehen. Auf diese Weise verringern Sie Wärmeverluste um mehr als 20 Prozent.*

TIPP: *Sorgen Sie dafür, dass über Heizkörpern und Thermostaten keine Gardinen etc. hängen. Sonst kann sich die Wärme im Raum nicht verteilen. Und die Thermostate messen die Umgebungstemperatur nicht korrekt.*

Richtig genutzte Thermostate sparen übrigens bis zu acht Prozent Heizenergie. Wenn Sie die programmierbare Variante verwenden, müssen Sie sich um die Nachtabsenkung nicht selbst kümmern. Und sparen bis zu zehn Prozent der Heizkosten. Wenn die Thermostate in Ihrer Wohnung älter sind und möglicherweise nicht mehr einwandfrei funktionieren, können Sie auch selbst neue montieren oder montieren lassen. (Und sie beim Auszug mitnehmen. Bewahren Sie deshalb die alten auf.)

Wenn Sie auf Nummer sicher gehen wollen, fragen Sie Ihren *Vermieter*, bevor Sie eigene Thermostate einbauen oder kleinere Dämmmaßnahmen vornehmen. Das spart Ärger beim Auszug. Eine Erlaubnis brauchen Sie in der Regel dann nicht, wenn die Veränderung ohne großen Aufwand rückgängig zu machen ist.

TIPP: Das Mauerwerk hinter den Heizkörpern wird unnötigerweise zuerst aufgeheizt. Mit alubeschichteten Dämmplatten aus dem Baumarkt lassen sich Wärmeverluste vermeiden. Sie sorgen dafür, dass die Wärme in den Raum abstrahlt.

Auch wenn es paradox klingt: Wer regelmäßig auf Durchzug stellt, schont das Klima. Denn sauerstoffreiche Außenluft erwärmt sich leichter. Daher gilt:

 **TIPP:** *Lüften Sie mehrmals täglich – und lüften Sie richtig!*

Beim Querlüften mit weit offenen Türen oder Fenstern von einem Raum- oder Hausende zum anderen wird die Luft besonders schnell ausgetauscht, meist reichen schon wenige Minuten. Der Vorteil: Die Mauern kühlen nicht aus, sondern geben die gespeicherte Wärme an die Raumluft ab.

TIPP: *Bei undichten Türen und Fenstern leisten Dichtungs- oder Lippenprofile Abhilfe. Gibt's im Baumarkt für wenige Euro.*

TIPP: *Heizlüfter und Radiatoren sind Energiefresser – genauso wie Raumklimaanlagen im Sommer. Wenn möglich, sollten Sie auf solche Geräte verzichten.*

Bestenfalls sind sie eine Notlösung, denn bei strombetriebenen Heiz- oder Kühlgeräten ist der Wirkungsgrad besonders schlecht. Das gilt auch für Nachtspeicherheizungen. Pro Kilowattstunde schlägt Strom mit satten 650 Gramm CO_2 zu Buche. Bei Fernwärme sind es dagegen zwischen 70 und 150 Gramm, bei Erdgas 250 und bei Heizöl 320 Gramm.

KALTE DUSCHE FÜR DIE WARMWASSERKOSTEN

Auch bei der Warmwasserbereitung können Sie Ihrem Geldbeutel und dem Klima einen Gefallen tun. Dazu müssen Sie nicht sofort kalt duschen (obwohl das im Sommer tatsächlich erfrischend sein kann).

TIPP: *Es reicht schon, wenn Sie einen Duschsparkopf benutzen.*

Der sorgt dafür, dass nicht unnötig viel warmes Wasser im Abfluss landet. Wenn Sie beim Einseifen noch das Wasser ganz abstellen, holen Sie alles raus, was an Sparleistung möglich ist. Daraus folgt schon der nächste Ratschlag:

 **TIPP:** *Vollbäder sollten Sie sich nur im Ausnahmefall gönnen – wenn überhaupt.*

Denn im Vergleich zu einer Dusche benötigen Sie locker das Zehnfache der Warmwassermenge. Und entsprechend mehr Energie. Übrigens: Hände waschen funktioniert auch kalt!

TIPP: *Auch Warmwasserbereiter, ob elektrisch oder gasbetrieben, schlucken Energie.*

Achten Sie darauf, dass die Temperatur nicht höher eingestellt ist als nötig. Im Urlaub sollten Sie das Gerät ganz ausschalten. Denn die Zündflamme der Gastherme muss nicht rund um die Uhr brennen. Immerhin verfeuert sie pausenlos so viel Energie wie eine 60-Watt-Glühbirne.

EIGENTUM VERPFLICHTET – AUCH ZUM KLIMASCHUTZ

Hauseigentümer können zum CO_2-Sparen besonders viel beitragen. Denn sie haben es in der Hand, auf welche Weise in ihrer Immobilie die Wärme erzeugt und gehalten wird. Wenn ihr Konstanttemperatur-Kessel älter als 30 Jahre ist, müssen sie ihn laut Gesetz ohnehin austauschen. Und moderne Brennwertkessel sparen gegenüber den alten Heizwertkesseln bis zu einem Viertel der Energie. Zusätzlich gibt es staatliche Fördermöglichkeiten (siehe unten).

TIPP: *Dämmen Sie Heizungsrohre, Kellerdecke und Dachgeschoss.*

INFO

Erst die Pflicht, dann die Kür: Einige *Maßnahmen zur energetischen Sanierung* sind für Eigentümer sogar gesetzlich vorgeschrieben – zum Beispiel in der Energieeinsparverordnung (EnEV). Mehr darüber finden Sie hier: verbraucherzentrale.de/enev.

Das geht mit ein wenig handwerklichem Geschick problemlos. Und die Materialien, die Sie benötigen, gibt's in jedem Baumarkt. Nützliche Tipps dazu finden sich auf co$_2$online.de.

TIPP: *Vielleicht lohnt es sich für Sie, einen Gas-Brennwertkessel oder eine Holzpelletheizung anzuschaffen?*

Gas ist klimafreundlicher als Öl. Und Holz ist darüber hinaus ein nachwachsender und klimaschonender Energieträger: Bei seiner Verbrennung wird nur so viel CO_2 frei, wie ein Baum zuvor im Holz gespeichert hat. Achten Sie aber darauf, dass die Scheite oder Pellets aus nachhaltiger (zum Beispiel FSC-zertifizierter) Waldwirtschaft stammen. Denn die steigende Nachfrage nach Brennholz führt dazu, dass der Wald zum Energiepflanzen-Lieferanten verkommt – das ist er aber nicht hauptsächlich.

TIPP: *Prüfen Sie außerdem, ob Sie Ihre CO_2-Bilanz nicht durch eine Solarthermie-Anlage verbessern können. Denn mit dem warmen Wasser vom Dach lassen sich 70 Prozent der Heizkosten einsparen.*

TIPP: *Und lassen Sie Ihre Heizungsanlage regelmäßig durch Fachpersonal checken!*

So gewährleisten Sie, dass die Technik Ihnen beim Sparen hilft. Auf der Checkliste: Ist die Warmwassertemperatur kleiner oder gleich 60 Grad Celsius? Stimmen die Temperaturabsenkung für die Nacht und die Vorlauftemperatur? Stimmt der Druck im Heizsystem (hydraulischer Abgleich)? Arbeitet die Umwälzpumpe energiesparend? Ist Luft in den Heizkörpern oder -rohren?

Im Portal <u>baufoerderer.de</u> finden Sie alle Angebote, Kontaktadressen und Fördermöglichkeiten rund um die Themen energieeffizientes Heizen und Modernisieren. Besonders emissionsarme Heizungen finden Sie auf den Seiten des unabhängigen Portals <u>ecotopten.de</u>.

DENKEN SIE LANGFRISTIG!

Haben Sie das Gefühl, dass der Energieverbrauch Ihres Heims ständig steigt, obwohl Sie alles dagegen unternehmen?

Bedenken Sie aber, dass auch die Wohnfläche und die Lage der Immobilie über Ihre Emissionen entscheiden. Klimatechnisch günstig sind Wohnlagen nahe Ihrer Arbeitsstätte (mit dem Rad zur Arbeit!) und mit einer guten Infrastruktur (Schulen, Behörden, Einkauf). Das Eigenheim im Grünen ist wegen des enormen Flächenverbrauchs von Neubausiedlungen längst ein Umweltproblem eigenen Ranges geworden, selbst wenn es ein Passiv- oder Plusenergiehaus ist.

3.2 ERNÄHRUNG: DIE BESTE CO_2-DIÄT

Klimaschutz geht durch den Magen: Was wir essen, bestimmt zu einem großen Teil unsere Treibhausgasemissionen.

Kaum ein Thema wird so kontrovers diskutiert wie die Ernährung. Klar – weil sie uns buchstäblich nahe geht. Aber Nahrungsmittel sind nicht nur eine Frage der geschmacklichen Vorlieben oder der menschlichen Gesundheit. Sie haben auch enorme Auswirkungen auf Klima, Umwelt und Tiere. Die moderne, globalisierte Fleischproduktion ist dafür ein treffendes Beispiel.

In Südamerika werden ganze Landstriche gerodet oder umgepflügt, um Gen-Soja anzubauen – mit hohem Einsatz von Mineraldünger und chemisch-synthetischen Pestiziden wie Glyphosat. Das Schrot landet zu großen Teilen – allein im Jahr 2010 waren es sechs Millionen Tonnen – in den Futtertrögen deutscher Schweine- und Geflügelmästereien. Die „Turbo-Tiere" fristen von der künstlichen Befruchtung bis zum Schlachthof ein trostloses Dasein, ihre Gülle verpestet in ganzen Landstrichen das Grundwasser. Und ihr Fleisch wird dann nach Asien oder Afrika exportiert.

Eine klassische Win-Win-Situation! Denn Gemüse ist nicht nur gut für die Gesundheit, sondern auch für die Umwelt – solange man saisonales Gemüse kauft.

INFO

80 Prozent des weltweit angebauten Sojas landen im *Tierfutter*.[21] Und die damit verbundenen Emissionen auf dem CO_2-Konto der Fleischesser. Effizienter und klimafreundlicher wäre es, die pflanzlichen Kalorien direkt zu verwerten – zum Beispiel als Tofu.

Das ist nicht nur aus Klimasicht problematisch. Denn mit subventionierten Fleischexporten wird zugleich die lokale Landwirtschaft entscheidend geschwächt.

NICHT LUSTIG: PUPSENDE RINDER

Allein durch unsere Ernährung verursachen wir pro Kopf und Jahr knapp 1,8 Tonnen CO_2e. Verantwortlich dafür sind vor allem tierische Produkte. Während die Herstellung eines Kilogramms Rindfleisch – je nach Haltung, Futter, Transport und Verarbeitung – bis zu 28 Kilogramm CO_2e freisetzt, sind es bei Butter rund 24 Kilogramm. Zum Vergleich: Schweinefleisch ist pro Kilogramm für etwas mehr als drei Kilogramm CO_2e verantwortlich. Kartoffeln sind dagegen echte Klimaschützer: Sie sorgen nur für 0,2 Kilogramm Emissionen.

Lebensmittel	CO_2e-Emissionen
Gemüse, frisch	0,1
Kartoffeln, frisch	0,2
Tomaten, frisch	0,3
Obst, frisch	0,4
Mischbrot	0,7
Geflügelfleisch	1,6-4,6
Schweinefleisch	3,2
Käse	8,5
Rindfleisch	7-28
Butter	23,7

Treibhausgasemissionen in Kilogramm pro Kilogramm Produkt[22]

Ein Grund für die verheerende Klimabilanz von Rindfleisch und Milchprodukten ist die Verdauung der Kühe. Während sie friedlich wiederkäuen, pupsen die Tiere große Mengen Methan. Klingt ulkig, ist es aber nicht, denn das Gas wirkt 25-mal klimaschädlicher als CO_2.

 **TIPP:** *Darum gleich der erste Klimatipp: Weniger Fleisch essen!*

Sie müssen deshalb kein Veganer werden: Eine Studie des WWF kommt zu dem Ergebnis, dass wir schon neun Millionen Tonnen

Treibhausgase einsparen könnten, wenn jeder Bundesbürger nur einmal in der Woche auf Fleisch verzichtete.[23] Das entspricht umgerechnet 75 Milliarden PKW-Kilometern. Und wenn es schon sein muss, dann lieber Schweine- oder Geflügelfleisch. Und zwar bio. Denn Bio-Fleisch hat nicht nur eine bis zu 17 Prozent bessere Klimabilanz, sondern die Tiere hatten es – meistens – auch besser als Tiere aus konventioneller Massentierhaltung.

> **TIPP:** *Was für Fleisch gilt, trifft auch auf Milcherzeugnisse zu, vor allem Butter, Sahne und Käse. Denn für ihre Herstellung ist ein Vielfaches ihres Gewichts an Milch erforderlich.*

> **TIPP:** *Fisch ist, was den CO_2-Fußabdruck betrifft, mit Schweine- und Geflügelfleisch vergleichbar: also lieber reduzieren!*

Und auch hier gibt es große Unterschiede: So ist Lachs aus Aquakultur für fast zwei Kilogramm CO_2e verantwortlich, marinierter Hering im Glas dagegen für das Vierfache. Was nicht bedeutet, dass der Zuchtlachs ein schönes Leben hatte.

Fleischarme, vegetarische oder sogar vegane Ernährungsstile schonen das Klima: Britische Forscher haben errechnet, dass der tägliche Treibhausgasausstoß von leidenschaftlichen Fleischessern mehr als doppelt so hoch ist wie der von Veganern.[24] Im Vergleich zu tierischen Produkten haben Gemüse, Hülsenfrüchte, Vollkorn- und Sojaprodukte sowie Kartoffeln eben eine deutlich bessere Klimabilanz.

TOMATE IST NICHT GLEICH TOMATE

Für die ist entscheidend, wie, wann und wo ein Nahrungsmittel erzeugt wurde, und welche Wege es zurückgelegt hat. Zum Beispiel das Lieblingsgemüse der Deutschen, die

Bio-Nahrungsmittel sind zwar im Schnitt teurer als konventionell erzeugte, aber auch klimafreundlicher: je nach Produktgruppe bis zu 30 Prozent. Ökolandbau ist ressourcen- und umweltschonend, Tiere haben mehr Platz und Auslauf. Die Bauern halten nicht mehr Tiere, als die umliegenden Äcker verkraften, und auf den Einsatz von chemisch-synthetischen Pestiziden und mineralischen Düngern verzichten sie. Das fördert die Bodengesundheit und Artenvielfalt auf dem Acker.

Tomate: Ein Freilandexemplar hat eine wesentlich bessere Klimabilanz als sein Pendant aus einem beheizten Gewächshaus. Das gilt sogar dann, wenn die Tomate noch einen weiten Weg zum Käufer zurücklegen musste: Aus Klimasicht ist es günstiger, das Gemüse im sonnigen Spanien im Freiland anzubauen und nach Nordeuropa zu transportieren, als es in unseren Breiten im geheizten Gewächshaus zu ziehen.

TIPP: *Kaufen Sie daher bevorzugt Obst und Gemüse, das gerade Saison hat.*

INFO

Flug-Erdbeeren im Winter sind bei Konsumenten, die das Klima schützen wollen, verpönt. Zu Recht? Es stimmt zwar: Erdbeeren aus Südafrika sind 190-mal klimaschädlicher als heimische. Doch in unserer persönlichen Klimabilanz stellen sie nur einen kleinen Posten dar. Was immer noch kein Grund zum Zugreifen ist – denn Flug-Erdbeeren schmecken einfach nicht. Lieber im Sommer essen, und dann direkt vom Feld!

Wesentlich klimaschädlicher – weil mengenmäßig bedeutsamer – ist dagegen der (eigentlich unverdächtige) *Reis*. Das liegt daran, dass in den gewässerten Reisfeldern große Mengen Methan freigesetzt werden.

Es kommt dann frischer in den Laden und schmeckt einfach besser. Und es wurde wahrscheinlich im Freien oder in Folientunneln angebaut. Das spart Heizöl für die Gewächshäuser. Saisonkalender gibt's natürlich im Internet, zum Beispiel unter utopia.de.

GEMÜSE AUF DER AUTOBAHN: JEDER KILOMETER ZÄHLT

Manche Lebensmittel sind in der globalisierten Warenwelt weit gereist, etwa exotisches Obst, aber zunehmend auch Grundnahrungsmittel. In Deutschland sind Transporte für drei bis acht Prozent aller Lebensmittel bezogenen Emissionen verantwortlich. Dabei kommt es entscheidend auf das benutzte Vehikel an.

Geht es mit dem LKW über die Autobahn, wie es in Deutschland überwiegend der Fall ist, werden pro Tonne und Kilometer 95 Gramm Treibhausgase freigesetzt. Mit der Bahn sind es weniger als ein Drittel davon (24 Gramm pro Tonnenkilometer), mit dem Binnenschiff etwas mehr als ein Drittel (33 Gramm). Eine echte Klimakatastrophe sind Transporte mit dem Flieger. Hier sind es stolze 1462 Gramm.[25]

Zu den Transporten zählen übrigens auch die Einkaufsfahrten von uns Konsumenten: Machen wir eine Radtour aufs Land und holen die Kartoffeln direkt beim Bio-Bauern (null Emissionen, super Naherholung)? Oder fahren wir mit dem SUV in den Supermarkt, der zu Fuß erreichbar wäre? Dann sollten wir daran denken, dass schon eine Fahrt von vier Kilometern so viele Emissionen verursacht wie die Produktion von sechs Kilogramm Erdäpfeln.

TIPP: *Besorgen Sie Ihre Einkäufe also möglichst, ohne Emissionen zu verursachen. Und bevorzugen Sie Produkte aus der Region, möglichst Bio-Ware.*

Denn so tun Sie dem Klima einen doppelten Gefallen: Sie kaufen Produkte, die so wenig wie möglich herumgefahren wurden (besser ist nur der eigene Gemüseacker vor der Haustür) – und Sie unterstützen eine klima- und umweltschonende Landwirtschaft in der Region. Aber Obacht: Auch Bio-Äpfel aus dem Umland müssen im Winter im Kühlhaus gelagert werden. So schmilzt ihr Klimavorteil gegenüber der Importware aus Neuseeland mit den Monaten wieder dahin. Hier gilt dann wieder das Prinzip der Saisonalität, siehe oben.

FERTIGGERICHTE: SCHNELL UND KLIMASCHÄDLICH

Morgens schnell einen löslichen Kaffee, mittags Fischstäbchen mit Kartoffelpüree und Ketchup, abends Tiefkühl-Pizza: Wir sind an eine „praktische" Ernährung gewöhnt. Leider ist das sogenannte *Convenience Food* weder besonders gesund noch klimafreundlich. Denn Fertiggerichte, Tiefkühlkost und Konserven stehen am Ende einer langen Kette von aufwendigen Produktionsschritten: waschen, sortieren, erhitzen, gefrieren, pürieren, pressen, trocknen … Darum sorgt ein Kilogramm regionales Freilandgemüse für dieselben Emissionen wie 300 Gramm TK-Gemüse oder 230 Gramm aus der Konserve (hier wirkt sich auch noch die Weißblech-Verpackung negativ aus).

TIPP: *Verzichten Sie darum, wann immer es geht, auf stark verarbeitete Nahrungsmittel.*

Sie tun damit nicht nur dem Klima einen Gefallen. Denn solche Nahrungsmittel enthalten in der Regel viel Salz, Zucker und Fett – und weniger Vitamine und Mineralstoffe. Und apropos Verpackung: In jedem plastifizierten Karton, jedem Plastikbeutel steckt nicht nur Mineralöl, sondern auch Energie für Herstellung, Transport und Entsorgung.

TIPP: *Daher gilt: Achten Sie beim Einkaufen darauf, dass Sie nicht mehr Verpackungsmüll nach Hause schleppen als nötig.*

Gerade Getränkeverpackungen haben es in sich, besonders die nicht wiederverwendbare Bierflasche und die Aludose. Wegen des geringen Transportgewichts ist die Mehrweg-PET-Flasche zwar akzeptabel, zum Beispiel für Mineralwasser. Doch warum nicht einfach aus der Leitung trinken? Wir sparen uns die Schlepperei, und unser Leitungswasser ist eines der sichersten Lebensmittel überhaupt. Außerdem sparen wir dabei noch bares Geld.

Zu guter Letzt: Einen erheblichen Anteil an unseren Emissionen haben die Lebensmittel, die wir *nicht* essen, sondern wegwerfen. Und das sind immerhin 80 Kilogramm pro Kopf und Jahr. So gibt jeder Deutsche im Jahr rund 235 Euro für Lebensmittel aus, die in der Tonne landen.[26] Noch dazu oft völlig unnötig. Denn das Mindesthaltbarkeitsdatum ist kein Ablaufdatum.

TIPP: Durch umsichtiges Einkaufen und Lagern können Sie Lebensmittelabfälle und Emissionen vermeiden. Und von dem eingesparten Geld können Sie locker die Mehrkosten für Bio-Produkte finanzieren.

3.3 HABEN WOLLEN: 10 000 DINGE, DIE WIR UNS LEISTEN

Mein Haus, mein Kleid, mein Hund … Jeder Kauf bringt Treibhausgasemissionen mit sich. Auch für das Klima lohnt es sich, zweimal hinzuschauen, bevor wir zugreifen.

Über den Daumen gepeilt besitzt jeder Europäer 10 000 Gegenstände. Viel zu viel, wie manche meinen. Zum Beispiel der US-Blogger David Bruno. Er verordnete sich eine Besitz-Diät und lebte ein Jahr lang mit nur 100 Dingen, die ihm wirklich wichtig waren. Inzwischen ist eine ganze Bewegung daraus geworden: der *Minimalismus*. Bruno fühlte sich nicht nur freier – er leistete auch einen Beitrag zum Klimaschutz. Denn in jedem Ding stecken Ressourcen und Energie. Und einige von ihnen verbrauchen anschließend selbst unentwegt Energie (mehr dazu im Kapitel 3.5).

Wer klimafreundlich leben will, muss aber nicht zum Konsumverweigerer mutieren. Es reicht schon, wenn wir mit etwas mehr Köpfchen einkaufen. Auf diese Weise lässt sich eine Tonne CO_2e jährlich einsparen, rund ein Drittel unserer Konsumemissionen. Das geht beim Thema Kleidung los, wie der nächste Ratschlag zeigt.

Weniger ist manchmal mehr! Ein minimalistischer Lebensstil schont jedenfalls das Klima, denn hinter jedem Produkt stecken Emissionen im Herstellungsprozess.

Wir *besitzen* immer mehr Dinge und *nutzen* sie immer weniger. Zum Beispiel eine Bohrmaschine. Zum Bohren verwenden wir sie insgesamt 13 Minuten, die restliche Zeit liegt sie herum. Wäre es da nicht besser und kostengünstiger, sich die Maschine auszuleihen, wenn man sie einmal braucht? Ob Bohr- oder Schleifmaschinen, Autos oder Segelschiffe: Dank Internet war es nie einfacher als heute, Dinge auszuleihen und/oder mit anderen zu teilen.

In Häusern steckt eine Menge *„graue Energie"*. Das ist die Energie, die für Herstellung und Transport aller Bauteile aufgewendet wurde. Im Schnitt kommen auf jeden Quadratmeter Wohnfläche zwischen 3000 und 4000 Megajoule, das entspricht 833 bis 1111 Kilowattstunden.[27] Energieeffiziente Gebäude enthalten auf die gesamte Lebensdauer gesehen genauso viel (graue) Energie, wie sie zum Heizen und zur Warmwasserbereitung verbrauchen.

TIPP: *Faustregel: Dinge, die lange halten, funktional und reparierbar sind, verursachen vergleichsweise geringe Emissionen.*

Produkte und Konsummuster sind allerdings so vielfältig, dass es oft schwierig ist, Aussagen zu ihrer Klimarelevanz zu treffen. Darum stellen wir hier nur eine exemplarische Auswahl vor. Angefangen mit einer echten CO_2-Bombe.

HOME, SWEET HOME

Viele träumen vom Eigenheim im Grünen. Es sei den zukünftigen Bauherren gegönnt. Doch aus Klimasicht ist es besser, in einer Stadtwohnung zu leben. Denn frei stehende (Neubau-)Häuser haben einen höheren Ressourcenverbrauch als Altbauwohnungen und wegen der größeren Fläche (je nach Dämmstandard) auch einen höheren Verbrauch von Heizenergie. Und sie machen es oft nötig, weite Strecken zur Arbeit zurückzulegen – gerne mit dem eigenen Auto. Generell gilt zum Thema Eigenheimbau:

TIPP: *Wer bauen will, sollte klein bauen – möglichst nach Passivhaus- oder Plusenergiehaus-Standard.*

Und am besten mit dem klimafreundlichen Baustoff Holz. Denn so lässt sich wenigstens ein Teil derjenigen Emissionen kompensieren, die der Bau des Hauses verursacht hat. Zu bedenken ist außerdem, dass die Entfernung zum Arbeitsplatz möglichst gering ist. Sonst werden die Energieeinsparungen schnell durch tägliches Pendeln zunichtegemacht.

VIEL PLATZ – FÜR MEHR MÖBEL

Noch ein Argument gegen große Einfamilienhäuser: Wer viel Platz hat, muss ihn irgendwie ausfüllen. Doch auch in Möbeln stecken Ressourcen und Energie. Grund genug, eine dauerhafte Beziehung zu ihnen aufzubauen.

TIPP: *Wenn Sie umziehen, kaufen Sie nicht alles neu! Nutzen Sie Möbel und Einrichtungs- und Gebrauchsgegenstände möglichst lange.*

Ein Beispiel: Ein Bürostuhl aus Stahl, Aluminium und Kunststoff schlägt – inklusive Transport und Entsorgung – mit 106 Kilogramm CO_2e zu Buche, obwohl er selbst nur 17 Kilogramm auf die Waage bringt.[28] Je länger er genutzt wird, desto besser ist es für die persönliche Klimabilanz des Käufers.

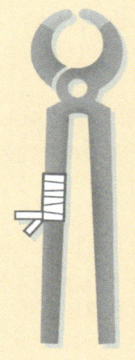

Holzmöbel haben den Vorteil, dass sie aus einem nachwachsenden Rohstoff gefertigt sind. Das im Holz gespeicherte CO_2 bleibt der Atmosphäre so lange entzogen, wie das Möbelstück genutzt wird.

TIPP: *Wenn Sie Holzmöbel neu kaufen, vermeiden Sie Tropenhölzer und achten Sie auf die Herkunft aus nachhaltiger Waldwirtschaft – zum Beispiel mit FSC-Siegel.*

KLEIDER MACHEN LEUTE – UND EMISSIONEN

Während die Möblierung irgendwann komplett ist, kaufen wir uns laufend neue Kleidung – jedes Jahr durchschnittlich 60 Stück.[29] Was wir uns damit außerdem einhandeln, ist ein Vielfaches an Treibhausgasemissionen. Denn Baumwolle wird überwiegend in intensiver Landwirtschaft angebaut und braucht zum Wachsen energieintensiven Mineraldünger. Auch die Weiterverarbeitung schluckt natürlich Energie. In einem Kilo Baumwolle – das entspricht annähernd einer Jeans – stecken rund 26 Kilogramm CO_2e.

 **TIPP:** *Kaufen Sie qualitativ hochwertige Kleidungsstücke – und tragen Sie diese so lange wie möglich.*

Von wegen Farben der Saison – nachhaltiger ist es, nicht jedem Modetrend hinterherzulaufen. Denn wer weiß schon, ob *dieses* Grün im nächsten Frühjahr noch tragbar ist? Vielleicht versuchen Sie auch einmal, etwas in einem Secondhand-Laden für sich zu finden? Getragene Kleidungsstücke haben neben der besseren Klimabilanz den Vorteil, dass Chemikalien aus der Herstellung schon ausgewaschen sind.

TIPP: *Bei neuen Kleidungsstücken aus Baumwolle sollten Sie auf das Bio-Siegel achten.*

Da die Label kaum noch in Deutschland produzieren lassen, reisen Fasern und Zwischenprodukte um die halbe Welt, bis die End-produkte zum Spottpreis im Discounter landen. Viel mehr als der Überseetransport fällt allerdings ins Gewicht, auf welche Weise die Ware zum Kunden kommt.

ONLINE HEISST NICHT „KLIMANEUTRAL"

Der Online-Handel hat in den vergangenen Jahren kräftig zugelegt. Ist ja auch bequem, von zu Hause shoppen und liefern lassen. Und wenn's nicht passt: retour, kostenlos. Rund die Hälfte aller Modeartikel und 70 Prozent aller Schuhsendungen gehen an den Absender zurück.[30] Wen wundert's. Anprobieren muss man die Sa-chen ja trotzdem. Dieser Trend bringt die Paketzusteller allerdings an ihre Grenzen, und er wird sich weiter fortsetzen. Die Folge: mehr Emissionen. Und mehr Verpackungsmüll.

TIPP: *Online shoppen sollten Sie nur, wenn Sie sicher sind, dass die bestellte Ware passt. Und wenn es sie im Laden um die Ecke nicht gibt.*

Indem Sie das Paket (am besten mit dem Rad) selbst abholen – zum Beispiel an einer Packstation –, können Sie die Ökobilanz der Sendung aufhübschen. So vermeiden Sie auch, dass der Paketbote mit seinem Zweitonner mehrfach zu Ihnen fahren muss.

UNSER TÄGLICH ZELLSTOFF

Apropos Verpackung: Was wäre unser Leben ohne Papier? Wir brauchen den Stoff für dieses Buch, zum Lesen und Schreiben, für Zeitungen, Hygieneartikel – und eben als praktisches Verpackungsmaterial. Doch die Papierherstellung zählt zu den energiehungrigsten Industrien überhaupt; rund 19 Millionen Tonnen CO_2 jährlich gehen auf ihr Konto. Und der Pro-Kopf-Verbrauch der Deutschen ist enorm: eine viertel Tonne pro Jahr. Das geben unsere Wälder nicht mehr her. Und darum müssen wir immer mehr von dem – eigentlich umweltfreundlichen – Grundstoff aus Skandinavien oder Übersee importieren.

TIPP: *Verwenden Sie möglichst Recycling-Papier (zum Beispiel mit dem „Blauer Engel"-Siegel) und drucken Sie nur, wenn es wirklich nötig ist – und dann beidseitig.*

PALMÖL – EIN ZERSTÖRERISCHER ALLROUNDER

Was haben brennende Regenwälder und Torfmoore in Indonesien mit unserer Zahnpasta zu tun? Auf den ersten Blick wenig. Doch bei näherem Hinsehen zeigt sich, dass in der Hälfte aller Supermarktprodukte Palmöl enthalten ist, das auf Flächen erzeugt wird, die einmal Regenwald waren. Und weil auch

INFO

Auch in diesem Buch stecken Holzfasern – wenn auch aus *FSC-zertifizierter Waldwirtschaft (FSC Mix)*. „Mix" bedeutet, dass mindestens 70 Prozent der Fasern aus FSC-Waldwirtschaft oder aus Altpapier stammen. Wenn Sie den einen oder anderen Tipp aus diesem Buch beherzigen, dürfte der Klimanutzen den Schaden, den es verursacht, jedoch bei Weitem überwiegen. Denn Recycling-Papier verursacht im Vergleich zu Papier aus frischen Holzfasern nur die Hälfte der Treibhausgasemissionen. Und es musste kein Baum dafür gefällt werden. Damit der Recycling-Anteil von heute schon 74 Prozent (in Deutschland) weiter erhöht werden kann, achten Sie auf die getrennte Entsorgung im Altpapiercontainer.

INFO

Zu erkennen, in welchen Produkten *Palmöl* enthalten ist, ist gar nicht so einfach. Es verbirgt sich zum Beispiel auch hinter Bezeichnungen wie Sodium Lauryl Sulfoacetate, Cetyl Palmitate oder einfach „pflanzliche Fette und Öle".

die Energiewirtschaft immer mehr Palmöl verschlingt, muss die Anbaufläche ständig wachsen.

In Indonesien hat sich in den vergangenen 25 Jahren die Produktion versechsfacht. Dafür musste eine Fläche so groß wie Deutschland gerodet werden.[31] Das wiederum schadet dem Klima gewaltig, denn Wälder sind wichtige CO_2-Senken. Besonders problematisch ist, dass für die Plantagen auch Torfmoore trockengelegt werden, in denen jahrtausendealter Kohlenstoff gespeichert ist.

TIPP: *Wer Palmöl aus nicht-nachhaltigem Anbau meiden will, sollte mit frischen Zutaten kochen (möglichst bio, regional und saisonal) und bei Kosmetik zu Produkten von kleineren Bio-Anbietern greifen.*

KLEINVIEH MACHT AUCH MIST

Zu guter Letzt: Unsere besten (meist vierbeinigen) Freunde werden bei Ökobilanzen gerne vergessen. Dabei vertilgt ein großer Hund mehr Fleisch als jeder Mensch – bis zu ein Kilo am Tag. Das ist leider nicht besonders klimafreundlich (siehe Kapitel 3.2). Und es belastet das CO_2-Konto von Herrchen oder Frauchen. Als Klima-Faustregel für Tierfreunde gilt: Je kleiner und vegetarischer ein Haustier, desto besser. In jedem Fall sollten natürlich eine artgerechte Haltung und Auslauf gewährleistet sein.

TIPP: *Hunde und Katzen sind von Natur aus leidenschaftliche Fleischfresser, die sich von den Vorzügen des Vegetarismus kaum überzeugen lassen. Vielleicht tut es als Haustier ja auch ein klimafreundliches Kaninchen?*

3.4 MOBILITÄT: UNTERWEGS MIT KÖPFCHEN

*Die Pendelei zur Arbeit, der Wochenendtrip nach Paris –
nie waren wir mobiler als heute. Vor allem dank des Autos.
Hier heißt es gegensteuern.*

Es hilft ja nichts: Der Deutschen liebstes Kind, das Auto, Inbegriff
von persönlicher Freiheit und Wohlstand – es ist zugleich Inbegriff
einer Mobilität, die einfach nicht nachhaltig ist. Weil sie immer
noch fast ausschließlich auf fossile Energien setzt, pro Liter Benzin
2,3 Kilogramm CO_2 freisetzt – und damit den Klimawandel anheizt.
Rund ein Viertel unserer privaten Treibhausgasemissionen entfallen
auf den Bereich Mobilität. Positiv ausgedrückt: Hier gibt es enorme
Einsparpotenziale.

Natürlich handelt es sich bei den Werten in der nachfolgenden
Tabelle nur um Durchschnitts- oder Richtwerte. Die genauen
Emissionen hängen unter anderem von der Bauart, der Motorisie-
rung, dem Fahrstil und der gewählten Strecke ab (Stadtverkehr
oder Landstraße?). Ein weiterer wichtiger Faktor ist die Auslastung.
Denn bei einer Verdoppelung der Zahl der mitreisenden Fahrgäste
halbieren sich die Emissionen pro Kopf.

Eine klimascho-
nende, gesunde
und lässige Form
der Fortbewegung:
das gute, alte
Fahrrad!

Verkehrsmittel	CO_2e-Emissionen (g/Pkm)
Fahrrad	> 0
Reisebus	32
Bahn, Fernverkehr	41
Bahn, Nahverkehr	67
Straßen-, S- und U-Bahnen	71
Linienbus	76
Motorrad	120
PKW	142
Flugzeug	211

Emissionen der Verkehrsmittel im Vergleich in CO_2e pro Kilometer und Person bei durchschnittlicher Auslastung inklusive Herstellung und Entsorgung[32]

TIPP: *Ob mit dem eigenen oder einem anderen Auto: Bilden Sie Fahrgemeinschaften.*

Schlechter als das Auto schneiden nur noch das Flugzeug und die Fähre ab. Denn bei Personenfähren und Kreuzfahrtschiffen ist das Verhältnis von Gewicht zu Fracht besonders ungünstig. Dagegen sind Reisen an Bord von Containerschiffen fast klimaneutral, weil der Fahrgast neben der Hauptladung buchstäblich nicht ins Gewicht fällt.

Dennoch ist die Popularität des Verbrennungsmotors ungebrochen, und niedrige Spritpreise ersparen uns das Nachdenken über Alternativen. Während leichte Ein-Liter-Autos fertig entwickelt, aber nicht zu kaufen sind, folgt der Markt einer gegenläufigen Logik. Reichten im Jahr 1995 noch durchschnittlich 95 PS, mussten es 2014 schon 140 PS sein.[33] Schließlich müssen immer mehr Kilos bewegt werden. Jeder fünfte verkaufte Neuwagen ist inzwischen ein SUV. Effizienzgewinne bei der Antriebstechnik lösen sich so in Luft auf.

TIPP: *Wenn Sie kein Auto haben, lassen Sie es dabei. Und wenn es doch sein muss: Wählen Sie bitte ein sparsames. Eine aufschlussreiche Übersicht gibt es auf ecotopten.de.*

BESITZEN KOMMT AUS DER MODE

Gleichzeitig bekommt die Vorherrschaft des PKW erste Risse. Während es noch vor Jahren ganz normal war, nach der Schule sein erstes eigenes Auto zu fahren, finden immer mehr jüngere Menschen das heute unnötig. Wozu besitzen, wenn man auch leihen kann? Carsharing macht's möglich. Der Markt mit den Autos per App boomt. Fast 1,3 Millionen Menschen nutzen heute einen Fuhrpark von mehr als 16 000 Fahrzeugen. Dabei spart man die laufenden Kosten für ein Gefährt, das die meiste Zeit herumsteht und rostet.

 **TIPP:** *Wenn Sie auf das Auto nicht verzichten wollen, sei es Ihr eigenes oder ein geliehenes: Fahren Sie spritsparend!*

Es gibt eine Reihe von Möglichkeiten, nerven- und klimaschonend zu fahren:

- Vermeiden Sie Kurzstrecken-Fahrten, vor allem im Stadtverkehr. Denn die brauchen pro Personenkilometer den meisten Sprit.

- Fahren Sie niedertourig und schalten Sie beim Anfahren frühzeitig in den nächsthöheren Gang. Am leichtesten – schon ab 50 oder 55 Stundenkilometern – rollen Sie im fünften Gang.

- Fahren Sie vorausschauend. Es bringt nichts, mit Vollgas auf eine rote Ampel zuzurasen. Versuchen Sie lieber, gleichmäßig und entspannt zu „rollen".

- Fahren Sie ohne unnötige Dachaufbauten (Fahrradträger) oder Ballast im Kofferraum. Eine Dachbox kostet bei Tempo 130 auf 100 Kilometer zwei Liter Sprit extra.

- Bei Fahrpausen, etwa an Bahnübergängen, lohnt es sich schon ab 30 Sekunden, den Motor abzustellen.

- Achten Sie bei der Bereifung auf Leichtlaufreifen mit dem richtigen Luftdruck.

- Gönnen Sie dem Motor Leichtlauföl und eine regelmäßige Wartung.

AUFGEFLOGEN: DER HÄRTESTE KLIMAKILLER

Sie dachten, das mit dem Auto war schon heftig? Warten Sie ab. Es kommt noch härter:

 **CO₂ TIPP:** *Auf Flugreisen sollten Sie verzichten.*

Das Fliegen ist eine der klimaschädlichsten Fortbewegungsarten überhaupt. Und leider ist sie – dank des Steuervorteils von Kerosin und der Billigfliegerei – immer noch im Aufwind. Prüfen Sie darum immer zuerst, ob Sie nicht auch mit der Bahn oder dem Fernbus Ihr Ziel erreichen können.

Um die Klimawirksamkeit der verschiedenen Optionen zu verdeutlichen, hat die Deutsche Bahn in ihr Online-Buchungssystem den „UmweltMobilCheck" integriert. Der errechnet etwa für die Strecke Hamburg-München einen vergleichbaren Zeitaufwand für den PKW und die Bahn – aber einen himmelweiten Unterschied bei den Emissionen: sechs Kilogramm CO_2e für die Bahn und das Zwanzigfache für den PKW. Die Reise mit dem Flugzeug ist mit drei Stunden zwar doppelt so schnell, verursacht aber mit 128 Kilogramm auch nochmals deutlich mehr Emissionen als der PKW. Und dabei ist noch nicht einmal berücksichtigt, dass Treibhausgase in hohen Luftschichten eine besonders klimaschädliche Wirkung entfalten.

TIPP: *Wenn Sie doch einmal fliegen müssen: Kompensieren Sie Ihre Emissionen.*

WARUM IN DIE FERNE SCHWEIFEN ...

... wenn das Gute liegt so nah? Bei der Urlaubsplanung galt offenbar lange, dass die Erholung mit der Zahl der zurückgelegten Kilometer steigt. Aber mit einem Hin- und Rückflug nach Sydney (mit Zwischenlandung in Dubai) haben wir schon das Zehnfache unseres kompletten verantwortbaren Jahresbudgets an Treibhausgasemissionen verbraucht. Außerdem haben wir uns am Check-in mehrfach durchleuchten lassen und zweimal mit dem Jetlag gekämpft.

Warum also nicht Zeit und Geld sparen, Nerven und Klima schonen und in der Nähe Urlaub machen, zum Beispiel an Nord- oder Ostsee? Am Mittelmeer wird es mit fortschreitendem Klimawandel im Sommer ohnehin zu heiß. Sie werden staunen, was selbst ein so dicht besiedeltes Land wie Deutschland noch an Naturschönheit zu bieten hat.

INFO

Wer mit besserem Gewissen fliegen will, kann seit einigen Jahren *kompensieren* – mit einem entfernungsabhängigen Betrag, den der Fluggast beim Buchen an Organisationen wie atmosfair oder myclimate zahlt. Mit dem Geld werden zum Beispiel energiesparende Kocher in Afrika oder Klima-Bildungsprogramme an deutschen Schulen gesponsert. Das soll die verursachten Emissionen ausgleichen. Ob das ein Ablasshandel ist, wie Kritiker meinen, sei dahingestellt. Besser ist es in jedem Fall, die Emissionen gar nicht erst entstehen zu lassen.

TIPP: *Planen Sie Ihre Reisen langfristig. Und benutzen Sie klimafreundliche Reisemittel: Fahrrad, Bus und/oder Bahn.*

Die Mobilität ohne eigenes Auto erfordert zwar etwas mehr Planung und Recherche. Doch mit der Online-Reiseauskunft der Bahnangebote kommen Sie fast überall hin. In den meisten Zügen können Sie das Fahrrad problemlos mitnehmen. Und sind dann vor Ort mobil. Wenn Sie nicht mit dem eigenen PKW in den Urlaub fahren, stehen Sie nicht im Stau; und da Sie nicht selbst fahren, können Sie lesen, Musik hören, entspannen und vom Urlaub träumen.

Überlegen Sie auch, ob Sie nicht in mehreren Etappen Ihr Ziel erreichen können. Venedig zum Beispiel ist von Hamburg per Schiene mit einem oder zwei Mal umsteigen an einem Tag zu erreichen. Und warum nicht einen Zwischenstopp in München einlegen? Oder ein paar Tage in den Alpen wandern? Wer langsam reist, sieht mehr.

UNSCHLAGBAR: DAS FAHRRAD

Naturgemäß ist die langsamste Fortbewegungsart, das Zu-Fuß-Gehen, nicht nur erholsam, sondern auch sehr klimafreundlich (wenn man zum Wandern in den Alpen nicht mit dem Flugzeug anreist). Emissionsärmer ist nur noch das Fahrradfahren. Gerade im Nahverkehr ist der Drahtesel nicht zu toppen. Und sein Potenzial ist noch nicht ausgeschöpft: Experten schätzen, dass sich fast ein Drittel aller Pkw-Fahrten in dicht besiedelten Gebieten durch Fahrradfahrten ersetzen ließen.

 **TIPP:** *Benutzen Sie, wann immer es geht, das Fahrrad. Damit tun Sie nicht nur dem Klima, sondern auch Ihrer Gesundheit etwas Gutes.*

In Städten wie Münster und Freiburg ist diese Erkenntnis bereits durchgesickert. Anderswo muss man als Radfahrer im Straßenverkehr noch um Anerkennung kämpfen. Aber es lohnt sich: Radfahren ist gesund, sauber, geräuscharm und platzsparend. Außerdem ist es im Vergleich zum Auto günstig: Schon zum Preis von einem Satz Winterreifen ist ein gebrauchtes Fahrrad mit Siebengang-Schaltung zu haben. Wenn wir noch einmal dasselbe drauflegen, sind auch noch die passende Regenkleidung und ein Satz Fahrrad-Winterreifen mit Spikes drin.

Eine Alternative zum normalen Drahtesel sind Elektrofahrräder. Sie erfreuen sich immer größerer Beliebtheit. Während der Verkauf von E-Autos schleppend anläuft, rollen schon zwei Millionen E-Räder auf Deutschlands Straßen. Ihr Vorteil liegt auf der Hand: Steigungen und Gegenwind lassen sich mit Hilfsmotor leichter überwinden, und auch ältere Menschen können damit noch umweltfreundlich mobil sein. Seinen größten Klimanutzen entfaltet das E-Rad, wenn es im Nahbereich den PKW ersetzt.

3.5 STROMVERBRAUCH: WO STECKEN DIE ENERGIEFRESSER?

Wir haben zu Hause immer mehr kleine und große Strom-konsumenten. Deren Verbrauch summiert sich. Und sie sind teilweise unnötig. Grund genug, sich das genauer anzusehen.

Können Sie aus dem Stand sagen, wo bei Ihnen in der Wohnung oder im Haus gerade Strom verbraucht wird? Leuchtmittel, Um-wälzpumpen, Smartphones – Elektrizität ist so vielseitig, komforta-bel und allgegenwärtig, dass wir kaum noch darüber nachdenken, wie viel Energie wir in Anspruch nehmen. Zwischen 1990 und 2013 ist der Stromverbrauch von deutschen Haushalten um mehr als 18 Prozent gestiegen[34] – auch weil wir immer mehr Geräte für uns arbeiten lassen.

Etwas mehr als ein halbes Kilogramm CO_2 wird bei der Produktion von einer Kilowattstunde freigesetzt. Das gilt allerdings nur für den konventionellen Strommix aus Kohle- und Atomstrom und aus erneuerbaren Energien wie Wasser-, Sonnen- und Windkraft sowie Biomasse. Und darum gleich der erste Tipp:

Herkömmliche Lampen sollte man durch Ener-giesparlampen ersetzen – die tun's auch und senken den Strom-verbrauch.

CO₂ TIPP: Steigen Sie auf 100 Prozent Ökostrom um!

Der Wechsel ist im Handumdrehen erledigt. Und je nach Region und Anbieter ist der Grünstrom kaum teurer als grauer Strom.

Dafür kann ein durchschnittlicher Drei-Personen-Haushalt mit regenerativen Energien jedes Jahr bis zu 800 Kilogramm CO_2 einsparen.[35]

Eine *Kilowattstunde* (kWh) ist diejenige Menge elektrischer Strom, die ein Gerät mit einer Leistungsaufnahme von einem Watt, zum Beispiel ein Anrufbeantworter im *Standby*, in 1000 Stunden (also 42 Tagen) verbraucht. Oder ein Fön mit 1000 Watt in einer Stunde. Um diese Energie zu erzeugen, muss in einem Kraftwerk eine halbe Schaufel (300 Gramm) Steinkohle verfeuert werden. Etwas mehr als ein halbes Kilogramm CO_2 wird bei der Produktion von einer Kilowattstunde freigesetzt.

Wenn Sie sich für einen reinen Ökostrom-Anbieter entscheiden, haben Sie die Gewissheit, dass der Versorger nicht einfach nur Ökostrom zukauft. Sondern Sie tragen dazu bei, dass Anlagen für regenerative Energien neu gebaut werden. (Der Strom, der bei Ihnen aus der Steckdose kommt, ist natürlich weiterhin ein Mix, der vom Umspannwerk kommt – aber eben einer, der um Ihren Anteil grüner geworden ist.) Informationen und Anbieter finden Sie auf der Seite gruener-stromlabel.de.

EINEN ÜBERBLICK VERSCHAFFEN

Der Stromverbrauch ist von vielen Faktoren abhängig: Größe des Haushalts, Zahl, Art und Alter der Geräte und Nutzungsdauer. Verschaffen Sie sich zunächst einen Überblick, wo Sie im Haus oder in der Wohnung Strom verbrauchen. Über den Gesamtverbrauch gibt die Stromrechnung Auskunft, die Sie jährlich direkt von Ihrem Stromanbieter oder Vermieter erhalten. Ob das – im Vergleich zu anderen Haushalten – viel oder wenig ist, und wo Sie beim Sparen ansetzen können, verraten Online-Rechner.

TIPP: *Eine erste Orientierung bietet der StromCheck des unabhängigen Portals die-stromsparinitiative.de.*

Im Bereich der Energieeffizienz hat sich in den vergangenen Jahren viel getan. Darum kann es sich lohnen, ein Gerät nach dem neuesten Effizienzstandard anzuschaffen.

> **TIPP:** *Gerade bei Kühlschränken, Waschmaschinen und Umwälzpumpen lohnt sich nach einigen Jahren der Umstieg auf ein neueres Modell.*

STROMSPARER LEICHT ERKENNEN

Das EU-Kennzeichnungssystem (von G = schlechteste Klasse bis A = beste Klasse) ermöglicht eine erste grobe Orientierung. Inzwischen haben die technologischen Fortschritte es nötig gemacht, die A-Klasse zu unterteilen. Besonders sparsame Geräte werden jetzt mit einem oder mehreren Plus-Zeichen ausgezeichnet. Bei der Anschaffung sollten Sie sich, wenn möglich, für ein A+++-Gerät entscheiden. Bedenken Sie dabei, dass sich etwas teurere Geräte durch ihren sparsamen Verbrauch mit den Jahren bezahlt machen. Tipps für die Auswahl erhalten Sie auf eco-topten.de, blauer-engel-produktwelt.de oder stromeffizienz.de.

> **TIPP:** *Kaufen Sie Geräte Ihren Bedürfnissen entsprechend und nicht zu groß. Jeder nicht genutzte Kubikzentimeter Kühlschrank, jeder überflüssige Zentimeter Bildschirmdiagonale verbraucht unnötig Energie.*

Damit Ihnen die Stromkosten von alten und neuen Geräten nicht über den Kopf wachsen, genügt es oft schon, ein paar Tipps zu beherzigen.

INFO

Das *Internet* verbraucht inzwischen so viel Strom, wie 25 Atomkraftwerke produzieren.[36] Tendenz steigend – etwa durch Cloud-Computing. Dabei werden Daten nicht mehr auf dem Rechner zu Hause gespeichert, sondern auf globalen Servern. Schon vor Jahren schreckte die Meldung die Netzgemeinde auf, dass eine Google-Anfrage 0,3 Wattstunden verbraucht. Damit könnte man eine ineffiziente 60-Watt-Birne immerhin 18 Sekunden lang brennen lassen.

INFO

Batterien brauchen zu ihrer Herstellung bis zu 500-mal mehr Energie, als sie später abgeben.[37] Und die ist dann mindestens 300-mal teurer als der Strom aus dem Netz. Da ist es allemal besser, wiederaufladbare Akkus zu nutzen. (Achten Sie bei Handy & Co. darauf, dass der Akku leicht austauschbar ist.) Noch besser ist es allerdings, ganz auf batteriebetriebene Geräte zu verzichten.

KÜHLEN KOPF BEWAHREN

- Kühlgeräte mögen eine niedrige Umgebungstemperatur. Also sollte man sie nicht neben den Herd oder in die pralle Sonne stellen.

- Bevor Sie Speisen in den Kühlschrank stellen, lassen Sie sie auskühlen.

- Im Winter eignet sich auch der Balkon als Kühlschrank.

- Wenn Sie die Tür immer nur kurz öffnen, vermeiden Sie unnötige Wärmeverluste und das Eindringen von Feuchtigkeit.

- Wenn Sie länger verreisen, nutzen Sie die „Auszeit" zum Abtauen (das sollten Sie ohnehin einmal im Jahr machen).

- Stellen Sie die Kühltemperatur nicht tiefer ein als nötig. Sieben Grad Celsius im Kühlschrank und minus 18 Grad im Gefrierteil reichen völlig aus.

- Sorgen Sie dafür, dass die warme Abluft des Geräts gut abziehen kann.

KLIMASCHONEND KOCHEN

- Profis und Energiesparfüchse kochen mit Gas. Gasherde sind wesentlich effizienter als Elektroherde. Denn sie geben ihre Hitze zielgenauer ab.

- Erhitzen Sie nicht mehr Wasser als nötig. Gemüse wird auch in wenigen Zentimetern Wasser gar. Und Dampfdrucktöpfe sparen etwa die Hälfte der Energie.

- Wasser erhitzen Sie am schnellsten und effizientesten im Wasserkocher. Das gilt selbstverständlich auch für die Zubereitung von Tee und Kaffee.

- Wenn Sie einen Elektroherd nutzen, achten Sie darauf, dass die Böden von Töpfen und Pfannen eben sind und nicht kleiner als die Kochplatte.

- Beim Backen können Sie in der Regel auf das Vorheizen verzichten.

- Kochen Sie mit geschlossenem Deckel. „Ohne" kostet bis zu 30 Prozent mehr Energie.

SAUBERE SACHE

- Beladen Sie die Waschmaschine immer voll – und waschen Sie bei niedrigen Temperaturen im ECO-Programm. Für Buntwäsche reichen 30 Grad, für weiße Wäsche 40 Grad. Damit sparen Sie schon bis zu 40 Prozent Energie gegenüber einem 60-Grad-Waschgang.

- Für Singles lohnt sich die Anschaffung einer Waschmaschine kaum. Wegen der besseren Auslastung der Maschinen ist der Waschsalon ohnehin umweltfreundlicher. Vorausgesetzt natürlich, Sie fahren mit dem Rad hin.

- Dosieren Sie Waschmittel richtig. Bio-Waschmittel helfen zum Beispiel, Schäden durch Palmölanbau zu vermeiden.

- Wäschetrockner sind Energiefresser (auch die im Waschsalon). Kostenlos und klimafreundlich können Sie im Freien oder auf dem Dachboden trocknen.

ES WERDE LICHT!

Energiesparlampen haben in puncto Preis und Lichtqualität einen riesigen Sprung nach vorn gemacht. Vorbei sind die Zeiten, da man minutenlang warten musste, bis das Spar-

INFO

Kennen Sie die Diskussion, ob *Geschirrspüler* umweltfreundlicher sind als das Spülen von Hand? Die Hersteller von solchen Geräten sehen das natürlich gerne so. Es kommt allerdings sehr darauf an, was, wie oft und in welchen Mengen per Maschine abgespült wird. In einem kleinen Haushalt wird sich ein Geschirrspüler kaum rentieren – außer dass wir damit unserer Bequemlichkeit dienen. Vieles lässt sich einfach mit kaltem Wasser abspülen.

Leuchtmittel sein fahlblaues Dämmerlicht entfaltete. LED-Lampen halten sehr viel länger und bieten wohnliche Lichtqualität nach Belieben. Dank ihrer Sparsamkeit rechnet sich auch der höhere Preis.

Die Ära der Glühlampe ist jedenfalls vorbei. Und das ist gut so, denn sie wandelt nur fünf Prozent der elektrischen Energie in Licht um. Der Rest verpufft als Wärme. Auch in puncto Langlebigkeit ist die Glühlampe von gestern. Zwar brennt in der Feuerwehrwache von Livermore, Kalifornien, immer noch ein Oldtimer von 1900. Aber die Ergebnisse der modernen Massenproduktion werden von Energiesparlampen bei Weitem übertroffen. Bis zu 25-mal länger können etwa LED-Lampen leuchten – und dabei 85 Prozent der Energie sparen.

TIPP: *Rüsten Sie auf LED-Lampen um – besonders dort, wo Sie häufig und lange Licht benötigen.*

Aber so viel Ehrlichkeit muss sein: Kompaktleuchtstofflampen enthalten Quecksilber und LED-Lampen Elektronik. Beide gehören deshalb nicht in den Hausmüll, sondern müssen fachgerecht entsorgt werden. Sammelstellen finden Sie unter lightcycle.de/verbraucher.

SCHLAFENDE STROMFRESSER

Selbst wenn alles aus ist, ist nicht alles aus – sondern nur auf *Standby*. Was jederzeitige Verfügbarkeit verspricht, summiert sich pro Jahr auf den Stromverbrauch von Hamburg und Berlin zusammen. Und kostet jeden Deutschen umgerechnet 50 Euro jährlich. Die üblichen Verdächtigen: Fernseher, DVD-Player, Stereo-Anlagen, Anrufbeantworter oder WLAN-Router.

TIPP: *Heimlichen Stromfressern kommen Sie mit einem Strommessgerät auf die Spur.*

Das Messgerät erhalten sie im Elektro-Fachhandel oder kostenlos zum Ausleihen bei Verbraucherzentralen. Die meisten *Standby-*

Verbraucher erkennen Sie aber ohne Hilfsmittel an warmen Netz-
geräten oder leuchtenden Lämpchen.

TIPP: *Trennen Sie Geräte mit einer schaltbaren Steckerleiste vom
Netz, wenn Sie sie nicht brauchen. Und prüfen Sie beim Neu-
kauf, ob sich das Gerät wirklich ausschalten lässt.*

Beispiel WLAN-Router: Die Geräte senden ununterbrochen, und
das je nach Gerät mit einer Leistung von bis zu 20 Watt. Selbst bei
durchschnittlichen sieben Watt sind das noch 60 Euro Stromkosten
im Jahr. Sparen Sie das meiste davon und gönnen Sie sich Freiheit
von Elektrosmog, indem Sie den Router nur anschalten, wenn Sie
ihn brauchen.

3.6 ARBEIT UND KLIMA: BUSINESS AS USUAL?

Wer viel arbeitet und verdient, lebt auf großem CO_2-Fuß. Mit ein paar Tipps können Sie Ihr Berufsleben klimafreundlicher gestalten. Und wie wäre es mit mehr Zeit für Familie und Hobbys statt 40-Stunden-Woche?

Auch am Arbeitsplatz zählt klimafreundliches Verhalten. Und nicht nur am Schreibtisch, sondern auch auf dem Weg dahin.

Okay, Sie haben nach dem vegetarischen Frühstück gelüftet, die Fenster geschlossen, die Heizung auf „2" heruntergedreht, die Steckerleisten ausgeschaltet, das Licht ausgemacht und hinter sich die abgedichtete Wohnungstür abgeschlossen. Die Arbeit ruft. Es ist aber nicht so, dass Sie nun schon alles Menschenmögliche getan hätten, um das Klima zu schonen. Denn eigentlich geht es jetzt erst richtig los.

Was wir (und wie wir es) beruflich tun, hat enorme Auswirkungen auf unsere CO_2-Bilanz. Das fängt mit dem Gehalt an. Denn je mehr wir verdienen, das zeigen Statistiken, desto größer wird unser Klima-Fußabdruck. Der Zusammenhang liegt auf der Hand: Wer wenig Geld hat, kauft nur Dinge, die er oder sie wirklich braucht. Haushalte, in denen mehr als 5000 Euro netto zur Verfügung stehen, geben im Vergleich zu Haushalten mit weniger als 1300

Euro siebenmal mehr für Haushaltsgeräte aus. Und sogar das Zehnfache für Mobilität.[38] Kein Wunder – wenn der Weg ins Büro mit dem eigenen SUV zurückgelegt wird, während der Partner mit dem Zweit- oder Drittwagen noch schnell einkaufen fährt oder den Nachwuchs in Kindergarten und Schule bringt.

TIPP: *Fragen Sie sich daher, ob Sie wirklich 40 Stunden die Woche arbeiten müssen – und wofür Sie das verdiente Geld brauchen. Wenn es möglich ist: Reduzieren Sie!*

ARBEIT BESSER VERTEILEN – AUCH IM EIGENEN LEBEN

Auf der einen Seite hohe Arbeitslosenzahlen, auf der anderen Berufstätige, die immer mehr und verantwortungsvoller arbeiten: Wir leben in einer Gesellschaft, in der die Arbeit offenbar ungerecht verteilt ist. Mit negativen Folgen für beide, Arbeitslose wie Workaholics. Denn Arbeitslosigkeit nagt am Selbstwertgefühl. Und dauerhafte Überarbeitung führt zu Burnout.

Dabei gibt es seit Langem Konzepte, die zur Verfügung stehende Arbeit gerechter – und gesünder – zu verteilen. Zum Beispiel die 30-Stunden-Vollzeit. Damit ließe sich rein rechnerisch die Arbeitslosigkeit komplett beseitigen, glauben Experten.[39] Auch wenn das Theorie ist: Schon heute bieten viele Unternehmen ihren Mitarbeitern an, vorübergehend oder dauerhaft die Arbeitszeit zu verkürzen. Profitieren können davon beide Seiten: der Arbeitgeber, indem er Personalkosten spart – und der Arbeitnehmer, weil er mehr Zeit für das eigene Leben gewinnt.

SICH MEHR ZEIT LEISTEN

Obwohl die Arbeitswelt immer flexibler wird, prekäre Beschäftigungsverhältnisse zunehmen und immer mehr Menschen selbst von einem Vollzeitjob nicht leben können, ist unsere Vorstellung von Berufstätigkeit von alten Klischees geprägt: Einen guten Job hat, wer Vollzeit (meist 40 Stunden und mehr) arbeitet und Aufstiegsmöglichkeiten wahrnimmt – um so mehr Geld und gesellschaftliche Anerkennung zu verdienen. Kein Wunder, dass es manchen Überwindung kostet, aus freien Stücken Arbeitszeit und Gehalt zu reduzieren.

Aber müssen zum Beispiel in einer Partnerschaft wirklich beide Vollzeit arbeiten? Würde es nicht auch reichen, wenn eine(r) 20 Stunden die Woche arbeitet? Oder beide? Die Möglichkeiten, die gewonnene Zeit zu nutzen, sind schier unendlich – und können sehr bereichernd sein (siehe Kapitel 3.7). Haben Sie mal von jemandem gehört, der auf dem Sterbebett meinte, er hätte mehr arbeiten sollen?

Sie können auch mit einem Sabbatical testen, wie Sie mit dem Zeitgewinn klarkommen. Das ist eine Auszeit auf Zeit, entweder am Stück oder in Form einer tageweisen Reduktion. Der Vorteil ist, dass Sie nach Ablauf der vereinbarten Frist wieder voll einsteigen können, wenn Sie wollen. Auf Teilzeitarbeit haben Sie zwar (ab einer bestimmten Unternehmensgröße) einen gesetzlichen Anspruch. Aber nicht darauf, irgendwann wieder voll beschäftigt zu werden.

Wenn Sie in einem Team arbeiten, machen Sie Ihrem Chef oder Ihrer Chefin Vorschläge, wie sich die wegfallende Arbeitszeit kompensieren lässt. Das erleichtert ihm oder ihr die Entscheidung. Und machen Sie klar, dass die Reduktion nichts damit zu tun hat, dass Ihnen der Job keinen Spaß macht. Moderne Arbeitgeber wissen, dass Arbeitnehmer, die genug Zeit für das Privatleben und ihre Hobbys haben, motivierter und kreativer arbeiten.

VOLLZEIT, ABER NICHT VOLLGAS!

Auch ohne Arbeitszeitreduktion können Sie Ihr CO_2-Konto entlasten – indem Sie sich im Job genauso verantwortungsvoll und klimafreundlich verhalten wie im Privatleben. Zum Beispiel auf dem Weg zur Arbeit.

TIPP: *Fahren Sie möglichst mit dem Rad oder mit öffentlichen Verkehrsmitteln zur Arbeit. Oder bilden Sie Fahrgemeinschaften.*

Gerade im Sommer bietet es sich an, mal mit openrouteservice.org eine schöne Strecke für das Fahrrad auszutüfteln, gegebenenfalls in Kombination mit öffentlichen Verkehrsmitteln. Viele Arbeitgeber bieten inzwischen Duschen, Unterstellmöglichkeiten für das Fahrrad und sogar Werkzeug für den Notfall an. Das setzt natürlich voraus, dass Sie in nicht allzu weiter Entfernung von Ihrem Einsatzort wohnen. Versuchen Sie darum, sich bei der Wahl des Wohnorts nach Ihrem Arbeitsplatz zu richten. Je weiter Sie im Grünen wohnen, desto höher der Fahr- und Zeitaufwand (und die Emissionen), um zur Arbeit zu kommen.

DAS BÜRO IST ÜBERALL – WENN MAN WILL

Für viele Tätigkeiten ist es inzwischen egal, wo man arbeitet. Denn telefonieren und das Internet nutzen kann man überall. In jedem Privathaushalt gibt es heute durchschnittlich drei Telefone und eineinhalb PCs oder Notebooks. Und technisch ist es kein Problem, vom heimischen Schreibtisch aus in Firmennetzwerken zu arbeiten.

Das Arbeiten von zu Hause hat nicht nur den Vorteil, dass man die zahllosen Ablenkungen eines Großraumbüros vermeidet. Experten haben errechnet, dass das Home Office auch klimaschonender ist als das Arbeiten in einem energieeffizienten Bürogebäude.[40] Weil wir nicht morgens zur Arbeit und abends wieder zurückfahren müssen und Privatwohnungen selten klimatisiert sind, kann das Arbeiten im Zuhause-Büro mehr als 80 Prozent der Energie sparen, die ein Standard-Büro in der City verschlingt.

> **TIPP:** *Fragen Sie Ihren Chef/Ihre Chefin, ob Sie nicht einen oder mehrere Tage pro Woche zu Hause arbeiten können.*

Ausschließlich zu Hause zu arbeiten ist allerdings nicht für alle Arbeitnehmer erstrebenswert – sei es aus arbeitstechnischen Gründen, oder weil man sich bei der firmeninternen Kommunikation bezüglich Aufstiegsmöglichkeiten leicht übergangen fühlt.

Nebenbei: Mit einem oder mehr Tagen zu Hause ersparen Sie sich und dem Klima eventuell auch eine Fahrt mit dem Firmenauto.

Und davon rollen mittlerweile 4,6 Millionen auf deutschen Straßen – jedes zehnte Auto. Umweltschützer kritisieren seit Langem die umweltschädliche steuerliche Bevorzugung von spritfressenden Firmenautos.

TIPP: *Verzichten Sie, wenn möglich, auf einen Dienstwagen.*

Als klimafreundliche Alternative für weite Dienstreisen bietet sich die Fahrt mit dem Zug an. Wenn es nicht ohne Firmenwagen geht, wählen Sie ein spritsparendes Modell. Und beherzigen Sie die Tipps zum klimaschonenden Fahren.

Eine Anreise mit der Bahn empfiehlt sich auch bei Fahrten zu Tagungen und Kongressen. Wer für eine eintägige Veranstaltung 100 Kilometer mit dem Zug zurücklegt, erzeugt ungefähr 17 Kilogramm CO_2. Wer dagegen 500 Kilometer mit dem Auto zurücklegt und drei Nächte im Vier-Sterne-Hotel verbringt, hat am Ende locker das Zehnfache auf dem CO_2-Konto.

TIPP: *Konferenzen kosten – nicht nur die Teilnehmer – besonders viel Energie. Fragen Sie, ob Sie sich nicht per Video zuschalten lassen können.*

KEINE PEANUTS: UMWELTSCHUTZ IM BÜRO

Rund 17 Millionen Menschen arbeiten in Deutschland im Büro. Und sind dort oft von einer ganzen Armada elektrischer Geräte umstellt. Achten Sie darauf, dass nur diejenigen in Betrieb (oder *Standby*) sind, die Sie wirklich brauchen. Und nur dann, *wenn* Sie sie brauchen. Ein eingeschalteter mittelgroßer

INFO

Warum werden die großen Klimakonferenzen eigentlich nicht als *Videokonferenzen* abgehalten? Die Zeit- und Kostenersparnis für die Teilnehmer und die Ausrichter (und damit die CO_2-Einsparung) wäre – im Vergleich zu den in der Regel mageren Ergebnissen – gigantisch. Grob geschätzt, dürften allein die Flugreisen der COP21-Teilnehmer nach Paris 3000 Tonnen CO_2 verursacht haben[41] – so viel wie 300 Deutsche in einem ganzen Jahr.

Kopierer etwa saugt dauerhaft – und meist völlig unnötig – bis zu 500 Watt.

Es lohnt sich, den Bildschirm in Arbeitspausen auszuschalten (er verbraucht mehr Energie als der Rechner) und den Desktop in den Energiespar-Modus zu versetzen. Wählen Sie außerdem einen schwarzen Bildschirmschoner für den geringsten Verbrauch. Grelle Spielereien auf dem Bildschirm kosten nur unnötig Energie. Wenn Sie jetzt noch das Licht im Büro ausmachen, können Sie beruhigt essen gehen.

Auch in der Mittagspause können Sie dem Klima helfen, indem Sie in der Kantine die Ernährungstipps aus Kapitel 3.2 beherzigen. Klar – nicht jedes Unternehmen hat eine Kantine und nur wenige Kantinen bieten derzeit vorwiegend vegetarische und/oder Biokost an.

Und regen Sie beim Management, dem Betriebsrat und der Kantinenleitung an, das Angebot auszuweiten. Je mehr Mitarbeiter Interesse signalisieren, desto dringender wird das Thema auch für die Unternehmens- und Kantinenleitung. Zurück am Arbeitsplatz, sollten Sie noch einmal durchlüften. Das hilft gegen das Nachmittags-Tief.

Heizen Sie nur so viel wie nötig, drehen Sie die Heizung abends und am Wochenende herunter, und vergessen Sie das Stoßlüften nicht. Damit im Sommer die Klimaanlage nicht unnötig schuften muss, halten Sie Fenster und Türen geschlossen und achten Sie

auf beschattete Fenster. Falls Sie die Klimaanlage überhaupt brauchen.

VON WEGEN PAPIERLOSES BÜRO

Als das Internet und die Kommunikation per E-Mail aufkamen, keimte auch die Hoffnung, auf den Gebrauch von zermahlenen Bäumen ganz verzichten zu können. Davon sind wir weit entfernt. Zum Beispiel weil viele E-Mails, PDFs, Excel-Tabellen etc. nach wie vor ausgedruckt werden. Um die 800 000 Tonnen Papier zu transportieren, die in deutschen Büros jedes Jahr durch den Kopierer wandern (und oft schnell wieder im Mülleimer landen), bräuchte man einen Güterzug von 600 Kilometer Länge.[42]

 **TIPP:** *Drucken Sie nur aus und kopieren Sie nur, was unbedingt notwendig ist. Und dann auf Recycling-Papier (das selbst wieder recycelt werden sollte).*

Wenn Sie Einfluss auf die Anschaffung von Geräten haben: Achten Sie darauf, dass es sich um energiesparende Geräte handelt – erkennbar zum Beispiel an der Kennzeichnung mit dem „Blauen Engel" (blauer-engel.de). Bei einem hohen Durchsatz lohnt es sich, Drucker und Kopierer zu beschaffen, die beidseitig drucken und kopieren können. Tipps gibt es auch auf der Seite beschaffung-info.de.

3.7 CO_2-FREIE FREIZEIT? URLAUB, SPORT, HOBBY UND FEIERN

Freizeitaktivitäten unterscheiden sich in puncto Treibhausgase gewaltig. Praktisch: Mit vielen emissionsarmen Aktivitäten gewinnen wir nicht nur wertvolle Erfahrungen, sondern sparen auch noch Geld.

Vielleicht spielen Sie nach der Lektüre des vorigen Kapitels mit dem Gedanken, weniger zu arbeiten? Sehr gut! Aber Obacht: Mehr Zeit haben heißt nicht automatisch klimaschonend leben. Viele, die eine Auszeit nehmen, schmieden dafür hochfliegende Pläne. Zum Beispiel um die Welt zu reisen. Das geht kaum ohne Flieger. Wer genug Geld auf der hohen Kante hat, leistet sich vielleicht einen Neuseelandtrip mit der ganzen Familie und lässt sich vom Helikopter im unberührten Pulverschnee absetzen. Oder lieber eine Kreuzfahrt mit diversen Zubringerflügen? Oder Surfen auf Hawaii, was von Frankfurt aus einen 18-stündigen Flug voraussetzt. Der Fantasie für solche Klimadebakel sind kaum Grenzen gesetzt. Und der Freizeitwahnsinn fängt nicht erst in Übersee an.

Eine klimaschonende Freizeitbeschäftigung: Wandern in den Bergen. Vor allem wenn man dazu so emissionsfrei wie möglich anreist.

SICH SELBST UND DEM KLIMA ERHOLUNG GÖNNEN

Sie dachten, der Berufsverkehr sei schon schlimm? Noch mehr Autos und Motorräder (40 Prozent) auf deutschen Straßen sind in Sachen Freizeit und Urlaub unterwegs – unnötigerweise. Beispiel Winterurlaub: Die meisten Urlaubsorte in den Alpen sind hervorragend mit öffentlichen Verkehrsmitteln zu erreichen. Anregungen erhalten Sie auf der Seite der Umweltverbände, beispielsweise auf: fahrziel-natur.de. Und zu den schönsten, abgelegensten Orten kommen Sie ohnehin nur zu Fuß. Zum Beispiel zu den Wanderhütten der Alpenvereine.

Wenn Sie Skifahren, sollten Sie zudem auf Pisten verzichten, die künstlich beschneit werden müssen (wie infolge der Klimaerwärmung an immer mehr Orten in den Alpen). Denn um einen Hektar Piste zu beschneien, braucht eine Schneekanone so viel Strom wie ein durchschnittlicher Vier-Personen-Haushalt in fünf Jahren.

Der WWF hat sich einmal genau angesehen, welche Emissionen zehn typische Ferienszenarien verursachen – vom Urlaub in der Region bis zum All-inclusive-Pauschalurlaub. Das Ergebnis: Für den höchsten Anteil an den Emissionen sorgt in den meisten Fällen die An- und Abreise. Ganz klar: Urlaubsziele in der Region sind aus diesem Grund klimafreundlicher.

TIPP: *Schon bei der Auswahl des Reiseziels sollten Sie berücksichtigen, ob Sie nicht auch mit öffentlichen Verkehrsmitteln hinkommen können – oder sogar ganz ohne Treibstoff zu verbrennen.*

Wichtig ist auch, dass die Dauer des Urlaubs in einem angemessenen Verhältnis zum Reiseweg steht. Daher gilt selbstverständlich folgender Rat:

> **TIPP:** *Wenn es Sie in die Ferne zieht – bleiben Sie lange.*

Schließlich spielt auch das Verhalten vor Ort eine entscheidende Rolle. Vermeiden Sie unnötige Fahrerei am Urlaubsort und gehen Sie lieber radeln, wandern, baden oder ins Museum. Besonderes Augenmerk verdient auch die Unterkunft.

> **TIPP:** *Wählen Sie am besten eine Selbstversorger-Unterkunft – oder ein Hotel, das auf Nachhaltigkeit setzt und biologisch/regional erzeugte Lebensmittel auf den Tisch bringt. Aus Klimasicht ist Zelten ideal.*

URLAUB AUF BALKONIEN ODER TERRASSE

Viel naheliegender – im wahrsten Sinn des Wortes – und so gut wie emissionsfrei ist es, auf dem eigenen Balkon oder im Garten zu entspannen. Mit ein bisschen Überlegung lassen sich auch wenige Quadratmeter in blühende Oasen verwandeln, die den Salatteller bereichern und Insekten lohnende Zwischenstopps bieten. Der gärtnerischen Fantasie sind kaum Grenzen gesetzt.

> **TIPP:** *Achten Sie aber darauf, dass die Blumenerde, die Sie verwenden, keinen Torf enthält.*

Torf wurde jahrzehntelang völlig bedenkenlos abgebaut und in deutsche Vorgärten eingearbeitet. Und noch heute schleppen deutsche Hobbygärtner jedes Jahr 2,5 Millionen Kubikmeter Gartenerde aus den Baumärkten – eine Menge, die, in 50-Liter-Säcken hintereinandergelegt, einmal um den Äquator reichen würde. Doch der Rohstoff stammt aus deutschen und zunehmend auch osteuropäischen Mooren. Und die sind als CO_2-Senken unersetzlich für den Klimaschutz.

Torfmoore wachsen nur sehr langsam, etwa einen Millimeter pro Jahr, speichern aber Unmengen von Kohlenstoff: doppelt so viel wie alle Wälder der Erde.[43] Durch Abbau und Trockenlegung von Mooren werden in Deutschland jedes Jahr 42 Millionen Tonnen CO_2 frei. Das entspricht 4,5 Prozent der gesamten deutschen Treibhausgasemissionen.

Torffreie Alternativen finden Sie zum Beispiel im Bio-Supermarkt. Wenn Sie einen eigenen Garten haben, können Sie auch einen Kompost anlegen. Davon haben Sie sogar einen doppelten Nutzen: Sie sparen die Abfuhr des Bio-Mülls und gewinnen kostbaren Naturdünger. Mehr über torffreies Gärtnern, Produkte und Bezugsquellen finden sich auf: bund.net/torffrei.

CO_2-ARM TRAINIEREN

Die Deutschen sind Weltmeister – in Vereinsmeierei. Das zeigt sich vor allem im Sport: In 90 000 Sportvereinen sind rund 27 Millionen Menschen aktiv. Nicht mitgerechnet sind die, die auf eigene Faust laufen, schwimmen, Rad fahren usw. Wenn Sie die Kapitel bis hierher gelesen haben, können Sie sich schon denken, welche Sportarten besonders klimaschädlich oder klimaschonend sind. Heliskiing in Neuseeland, Indoor-Wedeln in Dubai? Geschenkt! Doch auch andere Sportarten verbrauchen mehr Energie, als man denkt. Zum Beispiel Schwimmen im beheizten Schwimmbecken.

HIN UND WEG

Entscheidend ist in jedem Fall nicht nur, wie viel graue Energie in den Gebäuden und Geräten steckt, die wir für unseren Sport brauchen, und wie viel sie möglicherweise selbst laufend emittieren (Fußballprofis spielen auch auf beheiztem Rasen). Sondern vor allem, wie wir zur Sportstätte kommen und wieder zurück. Wer mehrmals die Woche mit dem SUV zum Joggen in den Wald fährt und seine Muskeln mit Steaks füttert, hat noch einen weiten Weg zum Klimaschützer vor sich. Okay – wer mit dem Klapprad beim Golfclub vorfährt, erntet vielleicht abschätzige Blicke. Aber das ist eine andere Sache.

TIPP: *Am besten ist es, zu Fuß, mit dem Rad oder mit öffentlichen Verkehrsmitteln zum Sport zu gehen oder zu fahren.*

Nachhaltigkeitsexperten haben für fünf Sportarten den jährlichen Pro-Kopf-Energiebedarf errechnet. Dabei zählten sie den Flächenbedarf der Sportstätte und den der Sportgeräte zusammen. Das Ergebnis: Wer gelegentlich Golf spielt, könnte mit demselben Energieaufwand ein Elektroauto 10 000 Kilometer weit fahren. Das ist 28 000 mal mehr Energie, als jemand verbraucht, der mit einem Holz-Drachenboot Rennen fährt.

Dazu sollte man wissen: Auch Flächenverbrauch lässt sich in Energie umrechnen. Denn die beanspruchte Fläche – zum Beispiel die eines Golfplatzes – könnte ja auch für den Anbau von Getreide, Holz oder Energiepflanzen zur Stromgewinnung verwendet werden. Ein wichtiger Punkt in einer Welt knapper werdender Ressourcen.

Sportart	kWh pro Person und Jahr
Golf (mit Buggy)	1563
Golf (zu Fuß)	665
Tennis	44
Ski (zu Fuß)	60
Ski (Sessellift)	62
Schwimmen (unbeheizter Pool)	0,3
Schwimmen (beheizter Pool)	263
Drachenboot (Holz)	0,06

Energiebedarf verschiedener Sportarten[44]

TIPP: *Achten Sie darauf, dass beim Sport Ressourceneinsatz und körperliche Betätigung in einem vernünftigen Verhältnis stehen.*

Ökologische Desaster sind regelmäßig Sport-Großveranstaltungen. Denn Tausende Zuschauer reisen (nicht immer klimafreundlich) zusätzlich zu den Sportlern an und wieder ab, übernachten in klimatisierten Hotels und hinterlassen tonnenweise Abfall. Ganz zu schweigen von Mega-Events wie den Olympischen Spielen, die mit Sport nur noch am Rande zu tun haben.

Die Klimaauswirkungen von *Hobbys* sind (wie beim Sport) zum großen Teil davon abhängig, welche Verkehrsmittel wir dafür benötigen und wie weit wir dafür herumfahren. Briefmarken zu sammeln ist nicht nur eine der am weitesten verbreiteten Freizeitbeschäftigungen, es ist auch eine der emissionsärmsten. Im Prinzip. Aus Klimasicht problematisch wird es dann, wenn Sammler regelmäßig mit dem eigenen Auto zu Tauschbörsen fahren.

DO IT YOURSELF!

Wenn die Deutschen nicht arbeiten, machen Sie gerne Dinge selbst: Marmelade, Gartenmöbel, Kleidung. Nicht ohne Grund, denn wir profitieren nicht nur vom eigentlichen Nutzen dieser Dinge, sondern es gibt uns auch ein gutes Gefühl, etwas mit eigenen Händen hergestellt zu haben. Do-it-yourself-Produkte sehen zwar oft nicht so clean aus wie Industrieprodukte, haben aber viel mehr Charme. Baumärkte wissen das. Und es gibt noch ein weiteres Argument für Selbstgemachtes.

Dinge, die wir selbst herstellen, sei es ein Drei-Gänge-Menü, ein Sommerkleid oder ein Badezimmerschrank, sind in den allermeisten Fällen klimafreundlicher als fertig gekaufte. Nicht nur, weil sie oft aus Materialien bestehen, die wir wiederverwenden, also recyceln oder sogar *upcyceln* (Fachchinesisch für: aus gebrauchtem Material höherwertige Gegenstände herstellen). Sondern auch, weil sie länger halten als Industrieware.

Dieses Buch etwa entstand an einem Stehpult, das einmal ein altes Regal war und nutzlos im Keller herumstand. Durch die Umnutzung wurden so viele Ressourcen, so viel Energie und Emissionen eingespart, wie ein neues, vergleichbares Möbelstück verursacht hätte.

Wer mehr Zeit hat (siehe das vorige Kapitel), kann es sich leisten, Dinge (wieder) selbst herzustellen. Oder zu reparieren. Selbermachen ist wohl die subversivste Art, sich dem Konsumzwang zu entziehen.

TIPP: *Dinge selber herzustellen ist befriedigend – und klimaschonend. Im Internet gibt es zahllose Anregungen und Anleitungen.*

HOCHZEITEN UND TODESFÄLLE

Ein bisschen wie mit den Kongressen (siehe Kapitel 3.6) ist es ja auch im Privatleben. Da lebt man das Jahr über sparsam und achtet darauf, *Standby*-Verluste zu vermeiden. Und dann verbrennt man in einem CO_2-Feuerwerk das komplette Emissions-Jahresbudget – oder mehr.

Auch wenn Heiraten ein bisschen aus der Mode gekommen ist: Es gibt noch Paare, die mit sakralen Weihen und/oder Verwaltungsakt und vielen Gästen feiern. In den USA berappen Paare für eine durchschnittliche Hochzeit umgerechnet 30 000 Euro – die Hochzeitsreise nicht eingerechnet. Auf der Seite der Hochzeitsgäste kommen noch einmal Hunderte Euro dazu – unter anderem wegen langer Anfahrten zu oft ausgefallenen Locations. Natürlich ist es Geschmackssache, mit wie vielen Gästen und wo man feiert.

 **TIPP:** *Aus Klimasicht wäre es günstig, klein, aber fein zu feiern. Und dort, wo möglichst viele der Gäste bequem mit öffentlichen Verkehrsmitteln anreisen können. Was den Honeymoon betrifft: Siehe Kapitel 3.4.*

Ähnliches gilt für das letzte Fest, das eigentlich schon nicht mehr unseres ist. Aus Klimasicht ist – es hilft ja nichts – eine Verbrennung erste Wahl. Und das, obwohl eine Einäscherung im Schnitt drei Kubikmeter Gas verschlingt. Das entspricht rund 7,5 Kilogramm CO_2. Doch entscheidend ist nicht die Verbrennung selbst. Sondern dass die Trauergäste keine lange Anfahrt haben und der Begräbnisplatz leicht mit öffentlichen Verkehrsmitteln zu erreichen ist. Für die Einäscherung spricht außerdem der geringe Flächenverbrauch. Und dass die Asche (zum Beispiel in einer Urne aus Maisstärke) dem natürlichen Nährstoffkreislauf wieder zugeführt wird.

3.8 FINANZEN: KLIMAFREUNDLICHES AUF DER HOHEN KANTE

Entscheidend für unsere CO_2-Bilanz ist nicht nur, was wir von unserem Geld kaufen. Sondern auch, was andere mit dem Geld tun, das wir nicht ausgeben.

Eine umwelt- und klimafreundliche Geldanlage sind kein Widerspruch. Man muss sich nur schlaumachen.

Wissen Sie, was Ihre Bank mit Ihrem Geld macht? Fakt ist: Auch mit demjenigen Teil unseres Vermögens, den wir angelegt haben, können wir dem Klima nützen oder schaden. Etwa indem wir – ohne es zu wissen – Geschäfte fossiler Energieunternehmen mitfinanzieren. Aus dieser Erkenntnis entstand vor einigen Jahren in den USA die *Divestment*-Bewegung. Die Idee dahinter: Wenn immer mehr institutionelle Anleger sich von klimaschädlichen Investitionen trennen, kann der fossilen Energiewirtschaft die finanzielle Lebensgrundlage entzogen werden.

Auch Privatanleger achten vermehrt darauf, dass sie nicht die Dinos der Energiebranche unterstützen. Für solche Anleger gibt es inzwischen eine große Vielfalt von „grünen" Finanzprodukten, darunter rund 400 Fonds, die zum Teil Geschäfte mit Kohle, Öl und Gas ausschließen und auf erneuerbare Energien setzen.[45] Das

Potenzial dieses Marktes ist gewaltig. Denn Privatanleger verfügen allein in Deutschland über fünf Billionen Euro. Damit können sie nicht nur den notwendigen Strukturwandel auf dem Energiemarkt vorantreiben, sondern zugleich ihre persönliche Klimabilanz verbessern. Im Vergleich zu herkömmlichen sparen klimafreundliche Finanzprodukte durchschnittlich 40 Prozent der Treibhausgasemissionen ein.[46]

ERST DIE STRATEGIE, DANN DER KLIMASCHUTZ

Grundsätzlich gilt für die klimafreundliche Geldanlage, was für alle Anlageentscheidungen gilt: Anleger sollten sich darüber klar werden, wie viel Geld sie zur Verfügung haben – und wie lange sie es entbehren können.

INFO

Ein Sparbuch, Tagesgeld oder Festgeld bei einer Nachhaltigkeitsbank ist vergleichsweise sicher. Denn dort ist privates Vermögen bis zu einem Betrag von 100 000 Euro durch die gesetzliche Einlagensicherung geschützt. Sie wissen also im Voraus, auf wie viel Geld Sie wie lange verzichten müssen und wie viel Sie ausgezahlt bekommen. Außerdem haben solche Banken für ihre eigenen Geschäfte Kohle, Öl und Kernenergie ausgeschlossen. Stattdessen investieren sie in klimafreundliche Projekte und in ökologische Landwirtschaft. Auch einige Sparkassen, Genossenschafts- und einige kirchliche Banken bieten inzwischen ethisch-ökologische Sparprodukte an.

Sicherheit, Rendite und Verfügbarkeit markieren das *„magische Dreieck"* der Geldanlage. Überlegen Sie sich, welchen Anteil davon Sie jeweils wünschen. Anlageprodukte, die eine hohe Rendite versprechen, sind oft weniger sicher. Und besonders sichere erzielen in der Regel nur magere Gewinne.

TIPP: *Eine ständig aktualisierte Marktübersicht zu klimafreundlichen Sparanlagen stellt die Verbraucherzentrale Bremen zur Verfügung: vz-hb.de/mediabig/218667A.pdf.*

KLIMAFREUNDLICHE BÖRSENGESCHÄFTE

Etwas komplizierter wird es bei der nächst riskanteren Anlageform: Aktienfonds sammeln Geld von Anlegern ein und investieren es in Aktien von verschiedenen Unternehmen, das sogenannte Portfolio.

„Grüne" Fonds setzen einen Schwerpunkt auf Ökologie, Nachhaltigkeit und Ethik. Ausgesprochene Klimaschutz-Fonds sind allerdings nur wenige darunter.

Den tatsächlichen *Klimanutzen* von Fonds zu bewerten ist wegen der unterschiedlichen Anlagegrundsätze und der vielen Unternehmen in den Portfolios nicht einfach. Die Verbraucherzentrale Bremen hat es trotzdem versucht – und dafür 13 konventionelle und ökologisch-ethische Fonds unter die Lupe genommen. Das Ergebnis: Der klimafreundlichste Fonds sorgt bei einer Anlagesumme von 1000 Euro für jährliche Emissionen von 163, der schlechteste für 904 Kilogramm CO_2.[47]

Überraschend: Nicht alle „grünen" Fonds gehen auch als Klimaschutzfonds durch. Einige schnitten in puncto Emissionen sogar schlechter ab als konventionelle – etwa wegen indirekter Beteiligung an Geschäften mit fossilen Energien.

Einen ersten Hinweis auf die Ausrichtung des Fonds gibt natürlich der Name. Wenn Klima, *Climate*, Nachhaltig, *Sustainability*, Umwelt, Öko oder *Green* draufsteht, können Sie sicher sein, dass der Anbieter zumindest den Anspruch erhebt, ein umwelt- oder klimafreundliches Produkt anzubieten. Sehen Sie sich aber in jedem Fall anhand der Produktinformationsblätter, Verkaufsunterlagen und Geschäftsberichte an, welche Strategie der Fondsmanager verfolgt. Denn all diese Bezeichnungen sind nicht verbindlich oder geschützt.

Die Anlagegrundsätze von Fonds sind sehr unterschiedlich. Einige geben *Ausschlusskriterien* an. Soll heißen, der Fonds investiert zum Beispiel nicht in bestimmte Branchen wie Erdöl und Kohle. Andere investieren gezielt nach *Positivkriterien* in Branchen und Unternehmen, etwa in erneuerbare Energien. Oder sie folgen einem *Best-in-Class-Ansatz*. Das bedeutet, dass Unternehmen bevorzugt werden, die innerhalb ihres Wirtschaftszweiges in Sachen Ökologie und Klimaschutz führend sind. Großaktionäre und Fonds können außerdem *direkt Einfluss* auf Unternehmen ausüben – zum Beispiel, indem sie von ihrem Stimmrecht auf Aktionärsversammlungen Gebrauch machen.

TIPP: *Sehen Sie sich die Anlagegrundsätze und die Unternehmen im Portfolio eines Fonds an. Entspricht das Ihren Vorstellungen von Klimaschutz? Einen guten Überblick bieten die Seite nachhaltiges-investment.org und die Verbraucherzentrale Bremen: vz-hb.de/ethische-fonds.*

SAFETY FIRST!

Manche Fonds haben einen geografischen oder einen Branchenschwerpunkt. Hier ist Vorsicht geboten. Denn je enger der Investitionsbereich eines Fonds, desto größer sind seine spezifischen Risiken. Etwa wenn sich Währungen ungünstig entwickeln oder ganze Branchen (Windenergie, Solarenergie) in Schwierigkeiten geraten.

TIPP: *Für alle Anlageprodukte gilt: Kaufen Sie nur, was Sie verstehen. Und setzen Sie nie alles auf eine Karte. Das betrifft nicht nur die Renditeerwartungen, sondern auch und vor allem die Sicherheit.*

Neben den aktiv gemanagten gibt es auch Indexfonds, die kostengünstiger sind, weil sie sich ein aufwendiges Management sparen und einfach einen Nachhaltigkeitsindex 1:1 abbilden. Ihr Portfolio enthält also exakt dieselben Aktien wie der Index, an dem sie sich orientieren. Zum Beispiel dem Dow Jones Sustainability Index, dem FTSE4Good oder dem Natur-Aktienindex. Diese Indizes funktionieren genau wie der Deutsche Aktienindex DAX, enthalten aber nur ausgewählte Aktien von Unternehmen, die nach Meinung ihrer Anbieter ökologisch oder klimafreundlich arbeiten. Sie dienen, wie der DAX, an der Börse als Stimmungsbarometer.

TIPP: *Auch für ökologische oder Klimaschutz-Fonds gilt: Anleger sollten einen langen Zeithorizont – mindestens zehn Jahre – einplanen, um trotz kurzfristiger Schwankungen von langfristigen Kurssteigerungen zu profitieren. Haben Sie also Geduld!*

INFO

Seit ökologische und klimafreundliche Geldanlageprodukte auf dem Markt sind, hält sich das Vorurteil, dass sie weniger *Rendite* abwerfen als ihre konventionellen Pendants. Doch das ist falsch. Grüne Aktienfonds erzielen auf lange Sicht zum Teil sogar höhere Wertsteigerungen als konventionelle Anlageprodukte. Anders sieht es bei Bankprodukten aus. Die Zinssätze der Nachhaltigkeitsbanken für Tagesgeld und Sparbriefe reichen kaum aus, um den Wertverlust des Anlagevermögens durch Inflation auszugleichen.

Es gibt auch *Rentenfonds* mit ökologischer Ausrichtung. Diese Fonds investieren hauptsächlich in Anleihen von Staaten und Unternehmen, und sie gelten im Vergleich zu Aktienfonds als sicherer vor starken Kursschwankungen. Allerdings haben die Manager keine direkten Einflussmöglichkeiten auf die Unternehmen oder Staaten, denen sie das eingesammelte Geld geben. Das schmälert den möglichen positiven Effekt auf Umwelt und Klima.

DIREKTE WIRKUNG – HOHES RISIKO

Aktienfonds unterliegen zwar den Kursschwankungen der Börse, doch das Risiko ist – zumal bei einem langen Anlagehorizont – meist überschaubar. Denn zum einen ist das angelegte Geld bei einer Insolvenz der Kapitalgesellschaft geschützt. Zum anderen ist es extrem unwahrscheinlich, dass alle Unternehmen im Portfolio gleichzeitig Konkurs anmelden.

Bei Einzelaktien, geschlossenen Fonds und direkten Investitionen in Unternehmen, Energie-Genossenschaften, Solar- oder Windparks sieht das aber anders aus. Denn geht das Unternehmen pleite, ist das angelegte Geld – ganz oder zum Teil – weg. Auch so sympathisch klingende Produkte wie „Waldinvestments" bergen somit die Gefahr eines Totalverlusts.

Der Charme, ein bestimmtes Unternehmen oder ein konkretes Projekt vor der Haustür finanziell zu unterstützen, bringt leider eine relativ große finanzielle Unsicherheit mit sich. Sicherheitsorientierte Anleger sollten darum in den oben genannten Formen nur Geld investieren, das sie auf lange Sicht nicht brauchen.

Klimaschutz in allen Ehren – aber besondere Vorsicht ist bei Altersvorsorge-Produkten geboten. Denn hier sollte die Sicherheit unbedingt im Vordergrund stehen. Meiden Sie also Produkte, die das Risiko eines Totalverlusts mit sich bringen. Im Zweifel hat der

INFO

Wer hätte vor zehn Jahren gedacht, dass die Aktien von deutschen *Solarenergieunternehmen* abstürzen würden? Bis heute macht den Firmen – trotz des anhaltenden Booms der Erneuerbaren – unter anderem die billige Konkurrenz aus Fernost das Leben schwer. Auch vor Insolvenz sind Unternehmen aus dem Bereich der Erneuerbaren nicht gefeit. Ein prominentes Beispiel dafür ist die Prokon-Gruppe. 75 000 Anleger investierten insgesamt 1,4 Milliarden Euro. Und verloren mehr als 40 Prozent ihres Geldes, als die GmbH 2014 in eine Genossenschaft umgewandelt werden musste.

Erhalt des eingesetzten Kapitals Vorrang vor einer höheren Rendite. Schließlich geht es um die finanzielle Absicherung Ihrer Zukunft.

TIPP: *Lassen Sie sich im Zweifel unabhängig beraten, zum Beispiel von den Experten der Verbraucherzentralen: verbraucherzentrale.de/Geldanlage.*

INVESTITIONEN IN DIE ZUKUNFT

Sie wollen mehr als grüne Zinsen und Rendite? Es gibt jede Menge Arten, jenseits von Banken und Kapitalanlagegesellschaften Geld in eine klimafreundlichere Zukunft zu investieren. Ein paar Beispiele:

- *Spenden* und *Mitgliedsbeiträge* an Organisationen, die beim Thema Energiewende und Klimaschutz Druck machen. Beispiele sind Greenpeace, BUND, Nabu, Germanwatch, Klimaretter.info oder Campact.

- Wer – zumindest rein rechnerisch – klimaneutral leben möchte, kann *MoorFutures* kaufen. Mit dem eingezahlten Geld werden Moore in Norddeutschland wieder unter Wasser gesetzt: ein enorm wichtiger Beitrag zum Klimaschutz und zum Erhalt der Artenvielfalt. Über die eingesparte Summe CO_2 gibt es ein Zertifikat: moorfutures.de.

- Es ist auch möglich, Verschmutzungsrechte des EU-Emissionshandels zu kaufen – und sie löschen zu lassen. Zum Beispiel über die Website TheCompensators.org. Eine Tonne CO_2 kostet dort 5,53 Euro (Stand: August 2016).

- Immer beliebter wird *Crowdfunding*. Dabei holen sich die Initiatoren von Projekten eine Anschubfinanzierung mit kleinen Spenden von Internetnutzern, zum Beispiel auf startnext.com: ein direkter und unbürokratischer Weg, Klimaschutz-Projekte finanziell zu unterstützen.

- Der Bund für Umwelt und Naturschutz Deutschland (BUND) bietet Treugut-Verträge an: Privatpersonen können der Organisation zeitlich befristet einen Geldbetrag überlassen, den der BUND nach ökologischen Kriterien anlegt. Die Zinsen kommen der Natur- und Klimaschutzarbeit zugute.

- Schließlich steht es natürlich jedem frei, sein Geld einer Organisation zu vererben, die für den Klimaschutz kämpft. So dient das eigene Vermögen auch über den Tod hinaus einer guten Sache.

4

ZUM SCHLUSS: SEIEN SIE DIE ZUKUNFT!

Damit auch die nächsten Generationen etwas von unserem Planeten haben, sollten wir unseren emissionsreichen Lebensstil ändern!

Es ist paradox: Tausende von Wissenschaftlern aus aller Welt warnen vor dem Klimakollaps. So gut wie alle von ihnen sind überzeugt, dass für das rasende Tempo der Klimaerwärmung der Mensch verantwortlich ist. Und doch leben wir aller Sonntagsreden der Politiker zum Trotz, als existierte der Klimawandel nicht. Merkwürdigerweise ist es völlig okay, immer größere, spritfressende Statussymbole zu kaufen, um die Welt zu jetten, Energie und Ressourcen zu verschleudern, kurzum: mit seinem Lebensstil immense Mengen CO_2 zu emittieren. Als gäbe es kein Morgen.

Was würden wir eigentlich unseren Enkeln antworten, wenn die uns einmal fragen, warum wir nichts unternommen haben – obwohl doch alle Fakten auf dem Tisch lagen? Obwohl die Medien immer wieder über den Klimawandel, seine Ursachen und Folgen berichtet haben? Sollen wir sagen, wir hätten nichts gewusst? Sollen wir sagen, wir hatten Besseres zu tun?

WAS MACHT EIGENTLICH „DIE POLITIK"?

Kann man den Politikern einen Vorwurf machen? Beugen sie sich nicht nur dem übermächtigen Druck einer Lobby, die mit ungeheuer lukrativen fossilen Geschäften noch lange sehr viel Geld verdienen will? Außerdem schrecken sie davor zurück, Wirtschaft und Bürgern die Erkenntnis zuzumuten, dass Wachstum und persönliche Freiheit Grenzen haben. Nämlich dort, wo die Gemeinschaft als Ganzes geschädigt wird – also die Weltgemeinschaft. Dieser Punkt ist in Deutschland – aber auch in Österreich, der Schweiz und anderen Ländern Europas – schon lange überschritten. Es ist allerdings leicht, die Augen davor zu verschließen, weil die umwelt- und klimaschädliche Produktion zunehmend ins Ausland verlagert wird. Und weil der Klimawandel nicht zuerst hierzulande, sondern in Ländern wie Bangladesh zuschlägt.

Für eine solche Fehlentwicklung „die Politiker" verantwortlich zu machen wäre ungerecht. Denn demokratisch gewählte Interessensvertreter beugen sich nicht nur Lobbys, sondern auch dem Zeitgeist – und dem Willen der Wähler. Also uns. Und aus genau diesem Grund ist es paradoxerweise undenkbar, dass ein deutscher Politiker fordert, was nicht nur aus Klimasicht vernünftig wäre. Dass nämlich – um nur ein Beispiel zu nennen – der Straßenbau begrenzt, die Straßennutzung mit einer Klimasteuer belegt und (in Deutschland) ein generelles Tempolimit auf Autobahnen eingeführt wird. Mit einer solchen Position würden sich hierzulande sogar Grünen-Politiker ins politische Abseits katapultieren. Schuld daran ist nicht nur die mächtige Autoindustrie, sondern ebenfalls der (sehr deutsche) Mythos, Autofahren sei identisch mit persönlicher Freiheit. Und unsere Unfähigkeit, zu verstehen, dass unsere private, Erdöl verbrennende Mobilität nicht gerade nachhaltig ist.

VON ALLEM ZU VIEL

Wir leben seit Jahrzehnten in einem beispiellosen Wohlstand, möglich gemacht und angefeuert von fossilen Energien, wirtschaftlichem Wachstum und Expansion. Die Kollateralschäden dieses westlichen, inzwischen globalen Wirtschafts- und Lebensmodells rechnet die Organisation Global Footprint Network vor:[48] Im August eines jeden Jahres hat die Menschheit die Ressourcen aufgebraucht, welche die Erde im Lauf eines Jahres bereitstellen kann. Danach leben wir sozusagen auf Pump, also auf Kosten zukünftiger

Generationen. Und jedes Jahr ist dieser Termin ein bisschen früher. Der WWF hat ermittelt, dass wir, wenn wir weitermachen wie bisher, im Jahr 2030 zwei Planeten bräuchten, um unseren Ressourcenhunger zu stillen.[49] 2050 wären es fast drei. Einiges spricht mittlerweile dafür, das Wachstumsdogma des westlichen Wirtschaftsmodells zu überdenken.

Zumal wir von dem „Immer mehr" inzwischen nicht mehr profitieren. Studien haben gezeigt, dass das Glück, welches uns materieller Wohlstand beschert, ab einem gewissen Lebensstandard nicht mehr steigerbar ist.[50] Mehr Geld haben, mehr besitzen macht, sofern Grundbedürfnisse wie Nahrung, Unterkunft und Arbeit gewährleistet sind, nicht glücklicher. Und zwar weder in den reichen Industrienationen noch in Entwicklungsländern. Diese Grenze dürfte hierzulande längst überschritten sein.

Müssen wir deshalb zurück in die Steinzeit? Natürlich nicht. Doch wir werden unseren Lebensstil nicht aufrechterhalten können. Wir *sollten* es nicht, da er zerstörerisch ist. Technische Innovationen und Effizienzsteigerungen allein werden nicht ausreichen, um unsere Emissionen auf ein verträgliches Maß – eine Tonne CO_2 pro Kopf – zu reduzieren. Und der Glaube an eine Effizienzrevolution zerschellt an Rebound-Effekten. Darum täten wir gut daran, uns am Lebensstil maßvollerer Zeiten zu orientieren, etwa der 1950er-Jahre. Das zumindest glauben Robert und Brenda Vale[51], zwei Nachhaltigkeitsexperten, denen dieses Buch zahlreiche Anregungen verdankt.

Die 50er – das ist nicht die Steinzeit. Doch für viele Menschen immer noch ein bedrohliches Szenario. Gab es damals überhaupt schon Kühlschränke? Ja, es gab sie, aber nicht in jedem Haushalt. Und schon gar nicht zwei – plus Tiefkühltruhe. Auch zu Beginn der 60er verfügten nur 13 Prozent aller deutschen Haushalte über Fernseher, Kühlschrank *und* Waschmaschine.[52] Wir sollten uns klarmachen, dass die Folgen des Klimawandels, die wir mit unserem Lebensstil heraufbeschworen haben, weitaus bedrohlicher sind als ein gezügelter Konsum und ein bescheidenerer Lebensstil.

NACHHALTIGKEIT LEBEN KANN JEDER

Die entscheidende Herausforderung an die Politik wird darin bestehen, solche verallgemeinerbaren nachhaltigen Lebensstile zu fördern und Verschwendung einzudämmen. Aber vor allem: demokratische Strukturen, Gesundheit, Bildung und Arbeit zu garantieren. Wenn sich zu einem späteren Zeitpunkt herausstellen sollte, dass die Optimisten und Verfechter der grünen Ökonomie Recht hatten – wunderbar. Zum gegenwärtigen Zeitpunkt wäre es jedoch fahrlässig, davon auszugehen, dass wir weitermachen können wie bisher, nur ein bisschen klimafreundlicher. Elektroautos jedenfalls werden nicht die Welt, sondern höchstens die Autoindustrie retten – für eine Weile zumindest.

Helfen kann der Politik bei diesem Paradigmenwechsel niemand. Außer wir selbst. Wenn *wir* nicht anfangen, wer soll es dann tun? Die Anregungen in diesem Buch haben – hoffentlich – gezeigt, dass es unzählige Möglichkeiten gibt, besser zu leben. Und dass Klimaschutz keine Trendsportart für spaßbefreite Asketen ist. Dass ein klimafreundlicher Lebensstil weniger Quantität, aber dafür mehr Qualität verspricht. Mehr Zeit, weniger Stress, weniger CO_2. Das Einzige, was uns daran hindert, ihn zu leben, sind wir selbst. Darum ein letzter Tipp, oder eigentlich fünf:

TIPP: *Fangen Sie einfach an, egal womit. Freuen Sie sich über Ihre Erfolge beim Klimaschutz. Reden Sie darüber. Gehen Sie wählen. Seien Sie die Zukunft!*

ANHANG

NÜTZLICHE LINKS

Den aktuellen, gesicherten Forschungsstand zum Klimawandel fasst das Intergovernmental Panel on Climate Change (IPCC) zusammen, zuletzt 2014: ipcc.ch/report/ar5/index.shtml.

Umfangreiche Daten mit besonderem Schwerpunkt auf der Situation in den jeweiligen Ländern bieten die zuständigen Behörden – Umweltbundesamt (D/Ö): umweltbundesamt.de bzw. umweltbundesamt.at, Bundesamt für Umwelt (CH): bafu.admin.ch.

Mehr über Verschwörungstheorien, aber auch ständig aktualisiertes Basiswissen zum Klimawandel und der Klimadebatte gibt es auf der wissenschaftlich fundierten Seite Klimafakten.de.

Das Deutsche Klimakonsortium ist ein Zusammenschluss der wichtigsten wissenschaftlichen Akteure auf dem Feld des Klimawandels: deutsches-klima-konsortium.de.

Eine gute journalistische Seite, die ihre aktuelle Berichterstattung und ihre Analysen ausschließlich dem Thema Klimawandel und Energiepolitik widmet, ist klimaretter.info.

Die Verbraucherzentralen der Länder bieten hilfreiche Informationen, zum Beispiel zu den Themen Energiesparen, energetische Sanierung oder klimafreundliche Geldanlage. Siehe die Quellenangaben bei den entsprechenden Kapiteln. Die Homepage des Bundesverbandes ist: vzbv.de.

Das Öko-Institut (oeko.de, ecotopten.de), das Wuppertal-Institut (wupperinst.org) und das ifeu-Institut (ifeu.de) veröffentlichen regelmäßig Studien zu klimarelevanten Themen.

Diverse Rechner und Informationen zu den Themen Klimawandel, Energiesparen und Fördermöglichkeiten für Hauseigentümer gibt es auf der Seite co2online.de.

Tipps zum nachhaltigen, klimaschonenden Konsum finden sich auf: nachhaltiger-warenkorb.de.

BUCHTIPPS

Für Einsteiger immer noch eines besten Bücher zum Thema ist: „Klimawandel" von Stefan Rahmstorf und Hans Joachim Schellnhuber (C.H. Beck Verlag, 2. überarbeitete Auflage 2012). Eine wissenschaftlich fundierte, gut verständliche Darstellung der Klimaforschung und Klimapolitik.

Eine fulminate, packende und sehr persönliche Streitschrift über die Macht und den Einfluss der Fossil-Lobby hat die amerikanische Klimaaktivistin Naomi Klein geschrieben: „Die Entscheidung: Kapitalismus vs. Klima" (S. Fischer Verlag 2015). Fazit: Das Problem sind nicht (nur) die Mineralöl- und Kohlekonzerne. Das Problem ist unser zerstörerisches Wirtschaftsmodell.

Robert und Brenda Vale sind eigentlich Architektur-Professoren, aber sie kennen sich auch mit Nachhaltigkeit bestens aus. Die Wahl-Neuseeländer haben ein umfassendes, zahlenstrotzendes und trotzdem kurzweiliges Kompendium des nachhaltigen Lebens verfasst: „Time to Eat the Dog? The Real Guide to Sustainable Living", Thames & Hudson 2009.

Was das Wachstum mit dem Klima zu tun hat, und warum weniger mehr ist, erklärt Niko Paech in seinem Buch „Befreiung vom Überfluss. Auf dem Weg in die Postwachstumsökonomie" (Oekom Verlag 2012). Seine These: Wirtschaftswachstum und Treibhausgasemissionen bedingen sich gegenseitig. Wer echten Klimaschutz will, muss sich vom Wachstumsdogma verabschieden.

Sind Wirtschaftswachstum und Klimaschutz wirklich vereinbar, wie uns die Befürworter der der Green Economy glauben machen wollen? Eine kritische Analyse des „grünen" Wirtschaftswachstums liefern die Autoren des Bandes „Kritik der grünen Ökonomie" (Oekom Verlag 2015).

„Selbst denken" (S. Fischer Verlag 2015) ist ein amüsantes, scharfsinniges und gelegentlich auch scharfzüngiges Buch des Soziologen Harald Welzer. Er appelliert an uns alle, eigene Verhaltensmuster, politische Glaubenssätze und die Versprechungen der Werbeindustrie zu hinterfragen, und gibt eine „Anleitung zum Widerstand" gegen die umwelt- und klimaschädlichen Zumutungen der Konsumgesellschaft.

VERWEISE

1 http://www.sueddeutsche.de/wissen/ausloeser-von-krisen-was-der-syrische-buergerkrieg-mit-dem-klimawandel-zu-tun-hat-1.2377566

2 http://www.eea.europa.eu (Der relativ günstige Wert für die Schweiz kommt dadurch zustande, dass hier kaum Schwerindustrie angesiedelt ist und die Stromerzeugung mit Wasser- und Atomkraft CO_2-arm ist.)

3 https://www.ipcc.ch/report/ar5/wg2

4 http://www.spiegel.de/wissenschaft/natur/klima-2015-war-waermstes-jahr-seit-beginn-der-messungen-a-1073035.html

5 http://www.oxfordmartin.ox.ac.uk/news/201601_Climate_food_production

6 https://www.pik-potsdam.de/services/infothek/kippelemente

7 http://science.sciencemag.org/content/348/6234/571.full

8 http://www.nature.com/nature/journal/v517/n7533/full/nature14016.html

9 http://www.dnr.de/publikationen/eur/archiv/Stern_Review_148906b_LONG_Executive_Summary_GERMAN.pdf

10 http://www.nature.com/nclimate/journal/v5/n6/full/nclimate2572.html

11 http://www.wri.org/blog/2016/04/roads-decoupling-21-countries-are-reducing-carbon-emissions-while-growing-gdp

12 Thomas Fatheuer, Lili Fuhr, Barbara Unmüßig: Kritik der Grünen Ökonomie, Oekom Verlag 2015

13 https://www.umweltbundesamt.de/sites/default/files/medien/publikation/long/4125.pdf

14 http://www.theguardian.com/us-news/2016/mar/03/oil-and-gas-industry-has-pumped-millions-into-republican-campaigns

15 http://journals.plos.org/plosone/article?id=10.1371/journal.pone.0147905

16 http://af.reuters.com/article/energyOilNews/
idAFN1E75Q1ZO20110628

17 https://www.ruv.de/presse/aengste-der-deutschen

18 http://www.wri.org/blog/2013/09/world%E2%80%99s-
carbon-budget-be-spent-three-decades

19 https://www.umweltbundesamt.de/sites/default/files/
medien/378/publikationen/daten_zur_umwelt_umwelt_
haushalte_und_konsum_2.pdf

20 https://www.verbraucherzentrale-energieberatung.de/
downloads/Flyer_Energie_sparen_als_Mieter.pdf

21 http://www.wwf.de/themen-projekte/landwirtschaft/
produkte-aus-der-landwirtschaft/soja/

22 Vgl. Anm. 19

23 http://www.wwf.de/fileadmin/fm-wwf/Publikationen-PDF/
Klimawandel_auf_dem_Teller.pdf

24 http://link.springer.com/article/10.1007/s10584-014-
1169-1

25 Vgl. Anm. 19

26 https://www.zugutfuerdietonne.de/warum-werfen-wir-
lebensmittel-weg/wie-viel-werfen-wir-weg

27 http://www.detail.de/artikel/neues-merkblatt-zur-grauen-
energie-in-gebaeuden-1099/

28 http://www.oeko.de/oekodoc/1029/2010-081-de.pdf

29 http://www.greenpeace.de/themen/endlager-umwelt/
kleidung-unter-der-detox-lupe

30 http://www.oeko.de/aktuelles/2013/online-shoppen-oder-
beim-lokalen-haendler/

31 https://greenpeace.de/sites/www.greenpeace.de/files/
publications/palmoel-indonesien-20160210.pdf

32 https://www.umweltbundesamt.de/themen/verkehr-laerm/
emissionsdaten

33 http://www.welt.de/motor/news/article136058906/
Motorleistung-bei-Neuwagen.html

34 https://www.umweltbundesamt.de/daten/private-
haushalte-konsum/energieverbrauch-der-privaten-
haushalte

35 http://www.klima-sucht-schutz.de/energie-sparen/strom-
sparen/strom-sparen-stromspartipps/was-ist-echter-
oekostrom/

36 http://www.swr.de/natuerlich/stromfresser-internet-wie-viel-energie-braucht-das-netz/-/id=100810/did=14939750/nid=100810/17wfi2i/

37 https://www.umweltbundesamt.de/sites/default/files/medien/381/publikationen/energiesparen-im-haushalt.pdf

38 Vgl. Anm. 19

39 https://epub.wupperinst.org/files/4181/ImpW3.pdf

40 Robert und Brenda Vale, Time to Eat the Dog? The Real Guide to Sustainable Living, Thames & Hudson, 2009

41 http://sciencev2.orf.at/stories/1764867/

42 http://papiernetz.de/info/argumente-fuer-recyclingpapier/papierverbrauch/

43 http://www.bund.net/fileadmin/bundnet/publikationen/naturschutz/130604_bund_naturschutz_moore_torffrei_gaertnern_faltblatt.pdf

44 Vgl. Anm. 40

45 http://www.nachhaltiges-investment.org/Fonds.aspx

46 http://www.bmub.bund.de/fileadmin/Daten_BMU/Download_PDF/Aktionsprogramm_Klimaschutz/q05_69_vzbv_klimafreundliche_geldanlage_bf.pdf

47 http://www.verbraucherzentrale-bremen.de/mediabig/233231A.pdf

48 http://www.footprintnetwork.org/en/index.php/GFN/

49 http://www.wwf.de/living-planet-report/

50 http://www.pnas.org/content/107/52/22463

51 Vgl. Anm. 40

52 https://www.destatis.de/DE/Publikationen/STATmagazin/WirtschaftsrechnungenZeitbudget/2013_10/EinkommenKonsumLebensbedingungen2013_10.html

REGISTER

Bildnachweis

S. 5: Verena Matthew/Shutterstock.com; S. 6: Peter Gudella/Shutterstock.com; S. 10: AntoinetteW/Shutterstock.com; S. 11: abutyrin/Shutterstock.com; S. 19: Bernhard Staehli/Shutterstock.com; S. 26: Simon Tang/Shutterstock.com; S. 28: Drop of Light/Shutterstock.com; S. 32: giSpate/Shutterstock.com; S. 36: Victor Habbick/Shutterstock.com; S. 42: Knaufb/Shutterstock.com; S. 45: Anan Kaewkhammul/Shutterstock.com; S. 51: FloridaStock/Shutterstock.com; S. 54: Alyssa Tidwell/Shutterstock.com; S. 57: Claudio Divizia/Shutterstock.com; S. 58: Chetty Thomas/Shutterstock.com; S. 62: Alexander Raths/Shutterstock.com; S. 69: Ana Blazic Pavlovic/Shutterstock.com; S. 75: maoyunping/Shutterstock.com; S. 81: Lucky Business/Shutterstock.com; S. 87: Arman Zhenikeyev/Shutterstock.com; S. 94: Rawpixel.com/Shutterstock.com; S. 101: Galyna Andrushko/Shutterstock.com; S. 108: isak55/Shutterstock.com; S. 115: gui jun peng/Shutterstock.com; S. 116: crazystocker/Shutterstock.com

Alle Illustrationen stammen von Andreas Denzer, Hamburg.

REIHENINFORMATION

Wir müssen die Welt retten! Und zwar schnell, das ist klar. Oder nicht? Warum wir klima- und umweltfreundlich leben sollten und auf welche Weise, zeigt die Reihe *Nachhaltigkeit & Klimaschutz* – informativ, inspirierend und wegweisend.

Klimafreundlich leben im Handumdrehen erklärt den Klimawandel und gibt CO_2-Spartipps für alle Bereiche des Lebens.

Voraussichtlich im Herbst 2016 erscheint *Nachhaltig einkaufen im Handumdrehen*. Der Band enthält viele weiterführende Informationen zum Thema nachhaltiger Konsum mit Schwerpunkten auf Ernährung und Bekleidung.

Außerdem erscheinen: *Nachhaltig wohnen im Handumdrehen* (voraussichtlich im Frühjahr 2017) und *Nachhaltig mobil sein im Handumdrehen* (voraussichtlich im Herbst 2017).

DER AUTOR

(© privat)

Peter Carstens entdeckte seine Leidenschaft für Pflanzen und Tiere, Landschaften und Wetterphänomene schon früh. Der überzeugte Radfahrer ist Redakteur beim Online-Auftritt des GEO Magazins (www.geo.de) und berichtet regelmäßig über Themen aus den Bereichen Tier- und Umweltschutz und Nachhaltigkeit. Den Klimawandel sieht er als Chance, zu begreifen, dass wir alle gegenüber der Natur und den vom Klimawandel besonders Betroffenen eine Verantwortung tragen. Und als Aufforderung, ihr gerecht zu werden. Er engagiert sich aktiv beim Bund für Umwelt und Naturschutz Deutschland (BUND).